William T. Preyer

Der Kampf um das Dasein

Ein populärer Vortrag

William T. Preyer

Der Kampf um das Dasein
Ein populärer Vortrag

ISBN/EAN: 9783744609371

Hergestellt in Europa, USA, Kanada, Australien, Japan

Cover: Foto ©Thomas Meinert / pixelio.de

Weitere Bücher finden Sie auf **www.hansebooks.com**

ᶜDER

KAMPF UM DAS DASEIN.

EIN POPULÄRER VORTRAG

VON

W. PREYER,

PROFESSOR DER PHYSIOLOGIE.

BONN,

EDUARD WEBER'S BUCHHANDLUNG.

1869.

SEINEM VATER

GEWIDMET

VOM VERFASSER.

Non cogito sed cogitat.

Lichtenberg.

Von früher Kindheit an sind wir alle gewohnt, die Harmonie in der Natur rückhaltlos zu bewundern. Ehe wir noch unseren Verstand recht gebrauchen konnten, ward uns in der Schule wie in der Kirche gelehrt, die Natur zeige uns ein vollendetes Bild der Eintracht, alles habe seinen bestimmten Platz in ihr und in ihrem Haushalt herrsche die schönste Ordnung, nirgends finde man etwas unnützes, überflüssiges, nirgends etwas zweckloses. Mit einem Worte, je mehr man sich in die wunderbaren Einrichtungen besonders der Pflanzen- und Thierwelt vertiefe, um so mehr komme man zu der Ueberzeugung, dass in der freien Natur sich alles einzig schön miteinander vertrage.

In der That ist der Friede, die majestätische Ruhe einer freundlichen Landschaft nicht blos für den Schwärmer und Phantasten, sondern für jeden höherer Empfindung fähigen von ausserordentlicher Wirkung. Wer aus dem Gewühle des städtischen Alltagslebens in's Freie geht, wie wir Deutsche treffend und in unnachahmlicher Weise sagen, wer die Berge und Wälder durchstreift, auf dem glänzenden Strom sich schaukelt, das saftige Grün des Laubes, die Pracht der Blumen, den melodischen Klang der Nachtigall oder das leise Gemurmel des Bachs auf seine Sinne wirken lässt, der wird durch ein eigenthümliches Gefühl — es lässt sich nicht anders bezeichnen —, durch ein Gefühl der Naturfreude entzückt, der vergisst die kleinlichen Sorgen und Unannehmlichkeiten des Menschenlebens und kommt leicht zu der

Ueberzeugung, dass wirklich in der Natur eine vollkommene Harmonie, ein beseligender Friede walte, welcher ihn begeistert und einen unerschöpflichen Quell reinsten Genusses dem poetischen Genius wie dem Landschaftsmaler gewährt. Hundertfältig wurde es ja wiederholt: die Natur sei schön überall, wo der Mensch nicht hinkommt mit seiner Qual.

Ist nicht das alles eine Täuschung? Ist diese einzige Eintracht wirklich vorhanden? oder existirt sie nur in unserer Einbildung? vielleicht nur für den, der das Ganze, nicht das Einzelne betrachtet?

Die Wissenschaft, welche Erkenntniss der Natur zum Ziele hat und sich durch Glauben und Meinen, durch Poesie und Phantasie nicht stören lassen darf, sondern nach Ursache und Wirkung forscht, hat ein Recht so zu fragen, und die Antwort lautet: Nein, jene Eintracht ist nicht vorhanden.

Schon der ununterrichtete gesunde Menschenverstand kann es mit der vielgerühmten Harmonie in der Natur nicht vereinigen, dass der Falke eine unschuldige Taube sich erjagt und zerfleischt, die Riesenschlange das waffenlose Lamm zerdrückt und der Wüstenkönig ungestraft die Giraffe zerreisst.

Auf solche Einwürfe wird wohl geantwortet, es sei zwar wahr, dass mancherlei Raubthiere andere Wesen vernichten, sie bildeten aber bei weitem die Minderzahl oder seien sogar seltene Ausnahmen, die meisten Thiere lebten friedlich nebeneinander. Ein einziger Blick auf die in grossen Familien zusammenarbeitenden Bienen, allein die rührende Sorgfalt, mit welcher der Vogel die besten Raupen suche und sich versage um damit seine Jungen im Neste zu füttern, beweise, dass der innerste Grundzug in der lebendigen Natur nicht Raub und Streit, sondern Liebe und Eintracht sei. Aber selbst wenn man dies für das ganze Thierreich nicht gelten lassen wolle, wird weiter geantwortet, so müsse man es doch für die Pflanzenwelt unbedingt anerkennen, da gebe es keine Raubpflanzen, da wachse und knospe und blühe und reife alles in Frieden nebeneinander, ein unvergleichliches Muster von Eintracht. Schiller habe Recht:

Suchst du das Höchste, das Grösste? Die Pflanze kann es dich lehren.

Was sie willenlos ist, sei du es wollend — das ist's!

Solche Behauptungen sind nun von Anfang bis zu Ende unrichtig. Sie sind ebenso falsch wie die zahlreichen Gründe, welche man im Laufe der Zeiten zu Gunsten eines ewigen Weltfriedens im Leben der Völker beigebracht hat. Denn die vermeintliche Harmonie und Ruhe in der Natur ist ein ebensolches Unding, wie die Abschaffung der Kriege unter den Menschen. Die Raubthiere bilden nicht die Ausnahme, sondern die Regel. Auch gibt es zahllose Raubpflanzen, Schmarotzer, die anderen das Leben aussaugen; keine Pflanze wächst friedlich neben der anderen; jede streitet mit ihrer Nachbarin.

In Wahrheit herrscht in der belebten Natur sichtbar unsichtbar ein Kampf aller gegen alle, ein Kampf aller um alles, ein Kampf um das, was die erste Grundbedingung eines jeden Wesens ausmacht, ein Kampf um das Dasein.

Es wird meine Aufgabe sein, dies zu beweisen. Damit mich aber nicht gleich der Vorwurf treffe, den man so gern der modernen Naturwissenschaft macht, sie zerstöre den schönen Schein, sie leugne das Ideale, ohne genügenden Ersatz dafür zu bieten, so möchte ich im Voraus bemerken, dass etwas unendlich Werthvolleres als poetische Träume und gedankenloses Erstaunen über etwas nur in der Einbildung bei oberflächlicher Naturbetrachtung vorhandenes, sich uns als Ergebniss dieses Nachweises kund thun wird, ganz abgesehen von der Befriedigung, welche Erkenntniss der Wahrheit an sich gewährt.

Es ist das Verdienst eines der grössten Naturforscher, welche jemals Lichtstrahlen der Aufklärung in das Dunkel

der Unwissenheit sandten, es ist die unsterbliche Leistung
von Charles Darwin, die heutige Wissenschaft der organisirten Wesen von den Fesseln einseitig teleologischen Aber-
glaubens befreit und die uralte Mauer traditioneller Vorurtheile
glücklich überstiegen zu haben. Er hat eine wissenschaft-
liche Revolution heraufbeschworen — und wir befinden uns
gerade jetzt mitten in ihr — welche an Bedeutung, was Erkennen der Natur betrifft, und an praktischer Tragweite
selbst der von Copernicus vor mehr als drei Jahrhunderten
in der Astronomie verursachten gleichkommen kann. Copernicus [1]) sagte sich damals: »So wie es bisher war, geht
es nicht! die Sonne dreht sich nicht um die Erde, das kann
nicht sein! Wie, wenn ich die Erde um die Sonne sich drehen
lasse? Was dann?« Und er fand, dass dann die Bewegungen
der Gestirne in schönster Ordnung vor sich gehen und keine
Thatsache seinem weltumgestaltenden Gedanken widersprach.
So wurde sein Werk der Ausgangspunct der von Galilei und
Kepler, vor Allem aber von Newton geschaffenen Mechanik
des Himmels. Aehnlich Darwin. Er sagte sich: »So wie
es bisher war, geht es nicht! Die Ursache der Verschiedenheit und Aehnlichkeit lebender Wesen kann nicht ausserhalb
der Natur liegen! Wie, wenn ich sie in der Natur suche?
Was dann?« Und er fand, dass dann die überraschende
Mannigfaltigkeit der Lebensformen, ihre Aehnlichkeiten und
Verschiedenheiten, ihr Entstehen und Vergehen, begreiflich
werden, und er legte den Grundstein zu einer Mechanik or-
ganischer Entwickelung, welche in späterer Zukunft ganz
gewiss gleichfalls ihren Newton finden wird.

Die Biographie dieses genialen Mannes, der jetzt mehr
als 60 Jahre alt noch mit dem ganzen Feuer der Jugend
forscht und schafft, lässt sich mit sehr wenigen Worten er-
zählen. Er studirte, machte eine Reise um die Erde und
studirte weiter, indem er in selten unterbrochener Zurück-
gezogenheit auf seinem Landgute Down bei Bromley in
Kent seit mehr als 30 Jahren das Werden und die Wand-

lungen der Pflanzen und Thiere untersucht und der schaffenden Natur ihre Geheimnisse abzuzwingen trachtet. Er lebte während dieser langen Zeit fast nur einer Idee — die Geschichte der Naturwissenschaft kennt nur sehr wenige Beispiele einer solchen Hingebung und Ausdauer, einer solchen Selbstüberwindung und Gewissenhaftigkeit [2]). Diese Idee bemächtigte sich seiner schon in seinem vier und zwanzigsten Lebensjahre und ist diese. Darwin sagt: »Die jetzt auf der Erde vorhandenen Thiere und Pflanzen sind nicht ein jegliches nach seiner Art erschaffen worden, die versteinerten Thiere und Pflanzen sind nicht zu wiederholten Malen während der Erdgeschichte durch plötzliche Katastrophen sammt und sonders vernichtet und dann wieder neu in anderer Gestalt ein jegliches nach seiner Art erschaffen worden, sondern die jetzt vorhandenen Organismen stammen in directer Linie durch allmähliche Umbildung und Entwickelung von den ausgestorbenen Pflanzen und Thieren ab. Diese selbst sind wieder auf gemeinsame längst vergangene Stammeltern zurückzuführen.« Woher aber die ersten Urwesen kamen, diese Frage, welche zusammenfällt mit der nach dem Ursprunge des Lebens überhaupt, erörtert Darwin nicht.

Ich will nur weniges darüber einschalten. Wir wissen jetzt sicher, dass die lebenden Naturkörper aus ganz denselben einfachen Stoffen zusammengesetzt sind, wie die unbelebten. Es ist genau dasselbe Eisen, welches in der Sonne glüht, welches in der Dolchklinge glänzt, welches im Erze ruht und welches in unserem Blute kreist. Dieses Eisen hat unter gleichen Bedingungen stets dieselben Eigenschaften, es findet sich in uns nur in anderen Verbindungen als ausser uns. Wir können daher nicht das Leben für einen Ausfluss einer besonderen Naturkraft halten, die sonst nirgends wirkte, vielmehr müssen wir die lebenden Wesen, da alle ihre einfachen Bestandtheile auch in den unbelebten mit denselben Eigenschaften sich finden, naturwissenschaftlich als äusserst complicirte Maschinen ansehen, welche arbeiten, wenn die

dazu nöthigen Bedingungen, namentlich Luft, Nahrung und
Wasser vorhanden sind, stillstehen, wenn jene Bedingungen
fehlen. Wenn es weiter nichts ist, könnte man einwerfen,
dann muss ein Körper, dem man die Lebensbedingungen
entzieht, zwar aufhören zu leben, er muss aber auch wieder
anfangen zu leben, wenn man sie ihm wiedergibt. Man
kennt nun in der That bereits eine grosse Anzahl von
Thieren, auch mit Muskeln und Nerven versehene, welche
aufhören zu leben, wenn man ihnen Luft, Nahrung und
Wasser Monate, Jahre lang entzieht, sogleich aber wieder
leben, wenn man sie an die Luft bringt, anfeuchtet und
füttert, also ähnlich der Dampfmaschine sich verhalten, die
arbeitet, wenn sie mit Wasser, Oel und Kohlen versorgt
ist, aber stillsteht, ohne arbeitsunfähig zu werden, wenn jene
Bedingungen fehlen [3]). Hiernach ist der Gedanke, es möchte
aus unbelebtem Stoff lebendiger sich künstlich zusammen
setzen lassen, so sehr abenteuerlich nicht mehr, aber alle
darauf gerichteten Versuche haben bis jetzt ein negatives,
zum mindesten ein sehr zweifelhaftes Resultat gehabt [4]).
Nichtsdestoweniger müssen wir an einer zwingenden Schluss-
folgerung festhalten, wenn es sich um den Ursprung des
Lebens auf unserem Planeten handelt. Es ist diese: Wir
wissen mit voller Sicherheit aus dem Vorkommen von
sehr schwer schmelzbaren und doch geschmolzen gewe-
senen Metallen in der Erde, dass diese zu einer vor der
Hand nicht genau zu berechnenden Zeit so heiss gewesen
ist, dass kein Leben auf ihr möglich war, jetzt sehen wir
zahllose lebende Wesen auf der Erde, es muss also zu einer
Epoche, als Luft ähnlich der jetzigen Atmosphäre da war,
wo durch Abkühlung Wasser sich niedergeschlagen hatte [5]),
aus unbelebtem Stoffe etwas Lebendiges auf eine für uns un-
begreifliche Weise entstanden sein. Das Wie? dieses Ent-
stehens entzieht sich vorläufig der wissenschaftlichen Erfor-
schung, weil wir über eine Erde ohne Leben keine directen
Erfahrungen haben und weil wir den wesentlichen Bestand-

theil aller belebten Wesen, das Eiweiss, noch allzuwenig kennen. Dieses Wie? braucht aber Darwin zunächst nicht zu beantworten, da er sich die Aufgabe stellte, zu ermitteln, wie die vorhandenen untereinander nahe verwandten Thiere und Pflanzen gruppenweise von gemeinsamen Vorfahren abstammen können. Und die Art und Weise, wie er das schwierige Problem löste, ist eben das Bewunderungswürdige seiner Leistung.

Der Hauptfactor bei dieser genealogischen Naturlehre ist das von Darwin entdeckte Gesetz, welches man das Princip des Kampfes um das Dasein genannt hat und um dessen Nachweis es sich für uns handelt.

Verfolgt man die Entstehung der jetzt auf unserem Erdball vorhandenen lebenden Wesen, so findet man die merkwürdige und vielen gewiss überraschende Thatsache, dass im Thierreich ausserordentlich viel mehr Eier gelegt als ausgebrütet, unzählbar viel mehr Keime hervorgebracht als entwickelt, im Pflanzenreich desgleichen unübersehbar mehr Samen und Blüthenstaub erzeugt wird, als zur Entwickelung gelangt, und von den in der Entwickelung im Ei begriffenen Thieren, von den im Samenkorn keimenden Pflänzchen eine Unzahl stirbt, ehe sie recht angefangen hat zu wachsen. Millionen und aber Millionen Eier, Keime, Samenkörner gehen zu Grunde, ehe sie zu vollständigen Organismen sich ausgebildet haben. Wir wollen hierbei einen Augenblick verweilen.

Man darf nicht glauben, dass diejenigen Thiere, welche am meisten Eier legen, auch am häufigsten seien. Der gemeinste Vogel, derjenige, welcher sich wahrscheinlich am zahlreichsten von allen an den Meeresküsten findet, ist der Eissturmvogel. Auf den südlich von Island gelegenen Felseninseln verwenden die armen Fischer ihn massenhaft als Brennmaterial, so zahlreich ist er, und dieser Vogel legt jährlich nur 1 Ei, wogegen das unverhältnissmässig seltenere

Birkhuhn 6 bis 12 Eier, der Afrikanische Strauss bis zu 20, das Rebhuhn sogar mitunter 22 Eier jedes Jahr legt. Das Eichhörnchen in unseren Wäldern bringt jährlich 3 bis 7 Junge zur Welt, die wilde Katze 5 bis 6, und doch ist ersteres ungleich häufiger als letztere. Steigen wir abwärts in der Thierreihe, so finden wir, dass in viel ausgiebigerer Weise für die Nachwelt gesorgt wird. Man hat in einem einzelnen Stockfisch 3,681,760 Eier, in einem andern 4,872,000 Eier gefunden. Ein einziger Spulwurm bringt an 64 Millionen Eier hervor; die Königin der Afrikanischen Termiten oder weissen Ameisen legt mehrere Tage hintereinander in jeder Minute etwa 60 Eier; einige Räderthierchen können in 11 Tagen sich auf 4 Millionen vermehren; Bandwürmer können über 1 Million Eier enthalten und doch sind diese Thiere nicht häufiger als andere weniger fruchtbare. Noch grössere Zahlen geben die Pflanzen. Eine einzelne Orchidee liefert in einem Jahre über 74 Millionen staubfeiner Samenkörner und doch ist sie selten °).

Denken wir uns nun, alle diese Samenkörner würden zu Pflanzen, alle gelegten Eier würden ausgebrütet! Was dann eintreten müsste, ist schon einigermassen zu ersehen, wenn wir nur für diejenigen Pflanzen und Thiere, die sich am allerlangsamsten vermehren, die Nachkommenschaft berechnen. Nehmen wir an, eine Pflanze bringe nur 2 Früchte hervor, sterbe dann und die beiden Früchte brächten im folgenden Jahre auch jede 2 Früchte zur Reife und stürben dann gleichfalls u. s. f. — es gibt aber keine Pflanze, die nur annähernd so unfruchtbar wäre — so würde dennoch nach 20 Jahren die Zahl der aus der einen Pflanze abstammenden gleichzeitig lebenden Pflanzen weit über 2 Millionen (2,097,152) betragen. Wenn aber die Pflanzen jährlich nur 2 Samenkörner erzeugend nicht sterben, sondern damit fortfahren, dann würden zusammen nach Ablauf von 20 Jahren über 10 Milliarden (10,460,353,203) am Leben sein. Von allen Thieren vermehrt sich wahrscheinlich am langsamsten der Elephant. Jedoch wird es zu niedrig geschätzt sein, wenn man annimmt, die Elephantenmutter bringe in ihrem ganzen Leben nur 6 Junge zur Welt. Trotzdem würden, wenn diese Nachkommen weiblichen Geschlechts wären und immer wieder jede 6 Elephantenweibchen hervorbringen, schon die zehnte Generation für sich allein genommen, aus mehr als 10 Millionen zusammenlebenden Elephanten bestehen (10,077,696), die alle von der einen Urmutter abstammen. Dieses nun erst auf die Pflanzen angewendet, die in einem Herbste schon viele Millionen Samenkörner zur Reife bringen und auf die Fische, welche Jahr für Jahr Hunderttausende von Eiern legen: es schwindelt uns bei dem Gedanken, was aus der Welt werden würde, wenn alle diese Eier, Keime, Samen sich entwickelten. Wir können mit Sicherheit schliessen, dass eine einzelne Pflanzen- oder Thierart in einigen Jahren die ganze Erdoberfläche bedecken würde, wenn der Entwickelung ihrer Eier und Keime nicht Hindernisse entgegenwirkten.

Welcher Art sind diese Hindernisse der Entwickelung? In den meisten Fällen können wir sie nicht genau angeben, in vielen aber sehen wir sie klar zu Tage treten. Wenn z. B. die Eier an einen ungünstigen Ort gelegt werden, so verderben sie leicht. Es ist eine Fabel, dass die Schmetterlinge ihre Eier ausschliesslich auf solche Blätter oder dahin legen, wo die jungen Raupen gleich nach dem Auskriechen die ihnen zusagende Nahrung finden, vielmehr findet man Schmetterlingseier auch mitunter an ganz unpassenden Stellen, wo die ausgekrochenen Raupen nothwendig verhungern müssen. Aehnlich im Pflanzenreich: das unnütze Säen auf Felsen ist sprüchwörtlich geworden. Frösche legen mitunter ihre zahlreichen Eier in ganz seichte Gewässer. Bleibt der Himmel längere Zeit bedeckt und die Luft feucht, so können die Froschquappen sich entwickeln. Es genügt aber ein sonniger Tag um den Tümpel auszutrocknen und man findet dann die Quappen vertrocknet und todt an derselben Stelle, an welcher Tags zuvor sie sich lebhaft bewegten. So sehen wir, wie geringfügig die Einflüsse sind, welche über Leben und Tod eines Eies entscheiden. Von dem kürzeren oder längeren Verweilen einer Wolke vor der Sonne hängt das Dasein tausender in der Entwickelung begriffener Wesen ab. Noch schädlicher als Trockenheit und Wärme ist aber Nässe und Kälte für die Entwickelung im Ei, ja man kann wohl von allen klimatischen Einflüssen die Kälte als den verderblichsten für Eier und Keime bezeichnen. Es lässt sich nicht berechnen, was ein einziger Frosttag im Frühling tödtet, wenn die Pflanzen keimen und das Thierleben aufs neue im Werden ist. Ausserdem müssen wir bedenken, dass eine Unzahl von Eiern, Körnern, Früchten, vielen Pflanzen und Thieren und uns selbst zur Nahrung dienen. Eine sehr grosse Menge wird von Pilzen verzehrt. Es gibt Vögel, welche vorzugsweise sich von Ameiseneiern (Puppen) ernähren, andere, denen Vogeleier am liebsten sind[7]). Unermessliche Mengen von Getreidekörnern gehen der Pflanze verloren durch das Brot, das wir essen, durch Käfer und Hamster und allerlei Vögel. Vogeleier, Fischeier, Schildkröteneier, Früchte werden alljährlich zu Millionen verspeist. Wie viel jungen Stören wir allein durch den Caviar das Leben rauben, lässt sich eben so wenig genau angeben, als wie viel Traubenkerne durch das Keltern zerstört werden.

Erwägen wir also, dass die Natur der Schädlichkeiten, durch welche die Eier und Früchte Schaden leiden, bei allen Thieren und Pflanzen durchaus nicht die gleiche ist, so werden wir es begreiflich finden, dass die Häufigkeit einer Thier- oder Pflanzenart nicht von der Zahl ihrer Eier oder Samenkörner allein abhängen kann. Und wenn uns auch jene Schädlichkeiten zum grössten Theile unbekannt sind, so sehen wir doch ein, dass wirklich ausserordentlich viel mehr Eier gelegt und Keime producirt als entwickelt werden.

Ein Theil aber kommt, wie uns das reiche Pflanzen- und Thierleben im Wasser und auf dem Lande, über und

unter der Erde genugsam beweist, zur vollen Ausbildung.
Wie verhält es sich mit diesen Wesen? Alle Gefahren, die
ihnen noch vor der Geburt drohten, haben sie glücklich
überstanden. Was bestimmt ihre Organisation, ihre Zahl
und Lebensdauer? Um uns diese Fragen zu beantworten, müssen wir uns
einen alten Lehrsatz vergegenwärtigen, der häufig missver-
standen wird.

Es war im Jahre 1798 als der Englische Geistliche
Malthus ein kleines Buch über Bevölkerungszunahme her-
ausgab, welches ein ungeheures Aufsehen machte. In diesem
und seinen späteren ausführlicheren Werken [6]) wies Malthus
nach, dass die Bevölkerung eine Tendenz habe in einem so
schnellen Maasse zuzunehmen, dass die Hervorbringung der
Nahrungsmittel selbst im allergünstigsten Falle auf die Dauer
nicht einmal local damit Schritt halten könne. Es müsste
also durch dieses Missverhältniss zwischen Vermehrungs-
tendenz und Nahrungsproduction eine Zeit kommen, wo
mehr Menschen geboren werden, als möglicherweise ernährt
werden können, wenn die Volkszahl unbehindert zunähme.
Die Volkszahl nimmt aber nicht unbehindert zu, lehrt Malthus
weiter, weil zweierlei Schranken (*checks to increase*) die
Zunahme mässigen: erstens die Geburten verhindernde
Schranken (*preventive checks*), zweitens das Geborene ver-
nichtende Hemmnisse (*positive checks*). Unter präventiven
Schranken versteht Malthus Laster und Enthaltsamkeit
(*moral restraint*).

Die positiven Schranken sind einerseits das menschliche Elend, andererseits grosse Katastrophen, durch welche
auf einmal viele Menschen dahingerafft werden, zum Beispiel
Epidemien wie Cholera, Pest, Typhus, dann Kriege, Revolu-
tionen und Missernten; diesen können wir anreihen Erdbeben,
ferner Ueberschwemmungen, auch vulkanische Ausbrüche,
endlich Orkane zur See und zu Lande. Solche Calamitäten,
durch welche beinahe jedes Jahr irgendwo auf der Erde

tausende von erwachsenen Menschen im besten Lebensalter, mit ihnen also ganze ungeborene Generationen mit einem Male getödtet werden, reichen allerdings für sich allein nicht aus die fortwährende Tendenz der Bevölkerung zuzunehmen, zu compensiren, denn es lässt sich statistisch nachweisen, dass bis jetzt die Bevölkerung der Erdtheile, in denen sie gezählt wird, in jedem Jahre etwas zunimmt. Die drei Schranken zusammen aber, Elend — einschliesslich der Katastrophen —, Laster und Enthaltsamkeit verhindern die Vermehrung in das Unbegrenzte. Nun meint Malthus die Enthaltsamkeit könnte das Elend und Laster ersetzen. Er wollte dass nur solche Männer, welche im Stande sind Frau und Kind zu ernähren, ohne anderen zur Last zu fallen, ein Ehebündniss eingehen sollten. Es sollen also die Ehen nicht so früh geschlossen werden wie bisher. Ich brauche wohl nicht besonders darauf aufmerksam zu machen, dass dieses immer nur ein frommer Wunsch bleiben wird und selbst wenn man durch Gesetze einen solchen Zwang herbeiführen wollte, die Bevölkerung der Erde im Ganzen oder eines grossen Landes deshalb nicht um einen Mann abnehmen würde, denn eine tugendhafte Enthaltsamkeit, wie sie Malthus will, ist eine physiologische Unmöglichkeit für die Masse, und eine gewaltsame Trennung von Mann und Weib wider-streitet der Natur und führt unausbleiblich zum Verbrechen. Auf den wahren Grund weshalb niemals eine factische Ueber-völkerung stattfinden kann, werden wir weiter unten zurück-kommen.

Darwin übertrug nun den ersten unanfechtbaren Theil der Malthus'schen Doctrin, dass die Bevölkerung in einem schnelleren Verhältnisse zunimmt, als die Nahrungsproduction, auf die ganze lebendige Natur. Er erkannte, dass sie für Pflanzen und Thiere ganz ebenso gilt wie für die menschliche Gesellschaft. Es ist keinem Zweifel unterworfen, dass jedes Thier und jede Pflanze bei ihrer Vermehrung auf dieselben Schranken stossen wie das Menschengeschlecht. Man

setze nur statt der präventiven Schranken das Missverhältniss zwischen der Zahl der erzeugten Keime und der Gelegen-
heit zu ihrer Entwickelung.

Jedes neugeborene Thier, jede neugeborene Pflanze ist
nach Ablauf der ersten Stadien der Entwickelung, nachdem
sie den Dotter im Ei oder Samenkorn oder was sie von den
Eltern erhalten, aufgezehrt haben, hungrig und hat keinen
anderen Gedanken, ist auf nichts anderes gerichtet als Nahrung sich zu verschaffen um diesen Hunger zu stillen. Nun
zeigt es sich, dass diese Nahrung zwar an manchen Orten
auf der Erdoberfläche oder im Meere sehr reichlich vorhanden ist, an weitaus den meisten Stellen jedoch muss sie erst
gesucht werden.

Geht aber das junge Thier auf Nahrung aus, steht die
junge Pflanze im Begriffe sich anzueignen, was sie braucht,
dann finden beide, dass andere Thiere, andere Pflanzen ganz
dieselbe Nahrung an demselben Orte für sich in Anspruch
nehmen, um gleichfalls zu leben. Hieraus entspringt nothwendiger Weise ein Streit, ein Ringen, ein Wettstreit, da
jedes für sich (und seine Familie) die Nahrung braucht. So
entsteht denn ein fortwährendes Drängen und Stossen, ein
Anstrengen und Abmühen, ein Jagen und Laufen, ein Verfolgen und Fliehen, ein Suchen und Erwischen, ein Schleichen
und Lauern, ein Fangen und Entschlüpfen, ein Peinigen
und Quälen, ein Angreifen und Niederwerfen, ein Ueberfallen
und Zerreissen, kurz ein Kampf um das Dasein. [9]) Denn
nichts geringeres als das Dasein selbst ist der Preis dieses
Wettkampfs. Schneller noch als Nahrungsmangel tödtet
Entziehung der Luft. Luft aber macht ein Thier dem andern weniger streitig, da sie fast überall in genügender
Menge vorhanden ist. Die Pflanzen machen sich oft genug
auch die Luft streitig. Nahrung dagegen ist für alle Thiere
und Pflanzen, die an einem Orte geboren wurden, nicht in
genügender Menge an dieser Stelle zu finden. Jedes will
die vorhandene Nahrung um zu leben, um nur sein nacktes

Dasein zu fristen, daher das Ringen um Leben und Tod,
in Wahrheit ein Kampf um Sein oder Nichtsein. Dieser
Kampf ist kein Gehirngespinnst, keine Hypothese, er ist
wirklich, er ist in der ganzen belebten Natur vorhanden, er
ist der wesentliche Grundzug des animalischen und pflanz-
lichen Zusammenlebens und wir können ihn selbst leicht be-
obachten. Scheint er irgendwo zu fehlen, ist hie und da
die Nahrung in so reichlicher Menge zu finden, dass die
Organismen sich friedlich darin theilen können, so vermehren
sie sich der Art, dass unfehlbar die folgenden Generationen
in derselben begünstigten Gegend in Streit gerathen, weil
dann für die vergrösserte Zahl auch die nur anfangs über-
flüssige Nahrung nicht ausreicht.

Es ist freilich oft schwer diesen Gedanken eines fort-
dauernden Wettkampfs aller Organismen untereinander fest-
zuhalten, zumal wenn es uns selbst an den wichtigsten
Lebenserfordernissen nicht fehlt und namentlich wenn wir
uns dem Genusse der bei oberflächlicher Betrachtung sogar
Frieden erweckenden, unsagbar beruhigenden landschaftlichen
Naturschönheiten hingeben. Wir denken nicht daran, wie
viel tausend Würmchen und Insecten die Nachtigall vertilgt
hat, ehe sie uns ihr liebliches Lied singt. Wir sehen nicht
die erbitterten Kämpfe der Fische, der Krebse und zahllosen
niederen Wasserthiere, wenn wir das Meer und die Seen
und Flüsse bewundern. Im Walde entgeht es uns leicht,
dass die Bäume und Sträucher, die Kräuter und Moose um
Raum und Regen und Thau und nahrhafte Erdbestandtheile
sich drängen, verdrängen; wir vergessen mit welcher Hart-
näckigkeit alle sich auszubreiten oder höher als ihre Nach-
barn zu werden bestrebt sind. Auf dem Gipfel eines Berges
mit malerischer Aussicht vergegenwärtigen wir uns nicht
die Schlachten im Thale, welche Ameisen mit Ameisen
schlagen, übersehen wir gänzlich das Morden und Rauben
der Käfer, das Blutaussaugen schmarotzender Insecten. Noch
weniger schwebt uns der Kampf aller Organismen um ihre

Existenz in unserem häuslichen Leben vor. Wer denkt an die Millionen von Gräsern und anderen Pflänzchen, welche die Kühe und Schafe tödten, wenn er einen Schluck Milch trinkt oder Käse und Fleisch isst? wer an das erbarmungslos zerstörte Leben des Blumenkohls, der Erbsen, Kartoffeln wenn er Gemüse verspeist? Alle Thiere leben von Lebendem, von anderen Thieren und Pflanzen. Sie sind sich unentbehrliche Nahrung.

Aber es ist nicht allein, sondern nur in erster Linie die Nahrung das Streitobject. Oft werden in der Thierwelt die blutigsten Kämpfe gekämpft um den Besitz des Weibchens. Männliche Lachse kämpfen zur Laichzeit den ganzen Tag miteinander, Krokodile desgleichen, auf das heftigste wie Indianer im Kriegstanz sich drehend und brüllend, um ein weibliches Krokodil [10]). Auch die Maulwürfe [11]) und die Kameele gerathen mit ihresgleichen zur Paarungszeit oft in wüthenden Kampf. Von Hirschen ist dasselbe bekannt. Bisweilen verwickeln sie sich dabei der Art mit ihren Geweihen, dass sie nicht mehr auseinander kommen können und beide verhungern. Mitunter wird ein jüngerer Hirsch von einem älteren, dessen Favoritin er sich zu nahen wagte, vertrieben und jagt dann in rasendem Laufe wie ein Verzweifelnder über Berge und Wiesen, durch Wälder und Felder, bis er erschöpft zusammensinkt.

Nächst der Nahrung ist unstreitig dieses der höchste Kampfpreis. Schiller hat Recht da er von der Natur sagt:

Durch Hunger und durch Liebe
Erhält sie das Getriebe.

Es sind in der That die beiden fundamentalen Factoren aller Thätigkeit im Bereiche des Lebendigen.

Aber Nahrungsbedürfniss oder Selbsterhaltungstrieb und Vermehrungsbedürfniss oder Arterhaltungstrieb [12]) sind, wenn auch die wichtigsten, doch nicht die einzigen Ursachen des Kampfes in der Natur. Es kommt noch manches allerdings

von beidem in letzter Instanz nicht trennbare hinzu, wie
eine einfache Ueberlegung zeigt.

Wenn wir uns fragen, warum die Menschen, sowohl
einzeln als Individuen, wie in Gruppen als Völker, geradeso
und nicht anders handeln, wie sie es thun, so finden wir die
Antwort, ganz gleichgültig welche politische oder wissen-
schaftliche, welche religiöse oder moralische Ansichten man
hege, dass jeder ohne Ausnahme sich das Leben in jeder
Hinsicht möglichst angenehm zu machen sucht, wobei
unter angenehm selbstredend mehr als der bloss sinnliche
Genuss zu verstehen ist. Jeder ist darauf erpicht allen Be-
dürfnissen, die er hat, auch den höchsten ethischen, Genüge
zu thun. Wir sind einmal so organisirt und unser Ver-
fahren entspricht der Naturordnung. Wenn wir etwas factisch
unangenehmes thun, so geschieht es in der Absicht oder in
der Hoffnung, oder auch nur in dem Glauben einen ange-
nehmen Zustand dadurch herbeizuführen oder es geschieht
um etwas noch unangenehmeres zu beseitigen. Auch die
aufopferndsten, uneigennützigsten Handlungen würden nicht
vollbracht werden, wenn sie nicht dem, der sie ausübt, eine
Befriedigung gewährten (ohne dass freilich diese bei edlen
Naturen bewusstes Motiv ist). Die scheusslichsten Unthaten,
die niedrigsten Verbrechen werden ausgeführt, weil der Thäter
durch sie etwas angenehmes, einen Genuss sich verspricht.

Etwas ähnliches gilt für die Thiere und Pflanzen. Auch
hier ist ein jedes, selbst wenn es sich hinreichend Nahrung
verschafft und sich vermehrt hat darauf erpicht, auch in
jeder anderen Hinsicht angenehm zu leben. Jedes will es überall, folglich entsteht auf's Neue ein Wettstreit um alles, was
dem Leben Reiz verleiht. Die Pflanzen entziehen sich
gegenseitig das Sonnenlicht. Unzählige gesellig lebende
Thiere, so schön sie sich zu vertragen scheinen, gerathen
der geringfügigsten Kleinigkeiten wegen in Streit. Hunde
missgönnen sich die Liebkosungen ihrer Herren, Pferde wollen
auf Märschen oft anderen Pferden vorausgehen, Ameisen

halten sich Sklaven, von denen sie sich pflegen und füttern
lassen. Sie bleiben im reinsten Nichtsthun in ihrer behag-
lichen von den schwarzen Negerameisen bereiteten Wohnung,
und nur wenn es zum Krieg kommt gehen sie hinaus auf
das Schlachtfeld. Wenn sie dann mit Beute beladen zurück-
kommen, werden sie von den Sklaven freundlich empfangen,
kommen sie ohne Beute, so empören sich die Neger, ver-
wehren ihnen den Eingang und schleppen sie heraus, wenn
sie dennoch durchdrangen [13]). Auch die kleinen grünen Blatt-
läuse haben ihre Neigungen. Sie sind den Ameisen milchende
Kühe, aber von anderen lassen sie sich nicht melken. Dafür
bauen ihnen die Ameisen kleine Schutzdächer, Ställe [14]).

Eine ganze Reihe von Leidenschaften, noblen und un-
noblen Passionen, sucht in der höheren wie in der niederen
Thierwelt ihre Befriedigung. Ehrgeiz, Herrschsucht, Habsucht,
Mordlust, Naschsucht, Neugierde, ja sogar Tanzwuth (ich
erinnere nur an die stundenlangen bacchantischen Hoch-
zeitstänze der Ameisen, bei denen es ohne die ärgsten
Raufereien niemals abgeht [15]), bedingen bei Tausenden von
Thieren die heftigsten Zwiste oder wahre Wettkämpfe.

Es ist natürlich, dass diese Kämpfe, wie überhaupt der
Kampf um die Existenz, bei denjenigen Organismen am er-
bittertsten sind, welche an demselben Orte leben und zugleich dieselben Bedürfnisse haben, gleiche Nahrung verlangen
und gleiche Neigungen hegen, und denselben Gefahren ausgesetzt sind, also bei Thieren derselben Art oder sehr nahe
verwandter Arten. Ebenso bei Pflanzen. Die ähnlichsten
unter ihnen, die welche dieselben Lebensbedingungen er-
heischen, schaden sich gegenseitig am meisten, jede entzieht
der anderen neben ihr wachsenden alles was diese selbst
braucht in grösserem oder geringerem Grade.

Aber wenn auch der Kampf der ähnlichen untereinander
am hartnäckigsten ist, so fällt darum der unter unähnlichen
Wesen, der zwischen Thieren und Pflanzen, nicht minder
in's Gewicht. Es ist klar, dass in einer sehr pflanzenreichen

Gegend die einzelnen Gewächse zum Theil besser gedeihen würden, wenn sie weniger pflanzenreich wäre. Unkraut entzieht dem Getreide und Gemüse viel Ernährungsmaterial und ist ihm doch unähnlich. So auch die Thiere. Ist in Skandinavien die Bärenjagd ergiebig, dann findet man wenige Wölfe, und umgekehrt. Wo die Wanderheuschrecken den Himmel verdunkelnd in unübersehbaren Schwärmen sich niederlassen, da entflieht das Wild. Auch zwischen weit auseinanderliegenden Wesen besteht durch den Wettkampf um die Existenz eine nahe Beziehung. Wer würde vermuthen, dass die Menge und Schönheit der Stiefmütterchen und des Klees von der Zahl der Katzen und Eulen abhängig ist? Und doch verhält es sich so. Der Klee kann nicht ohne Hummeln bestehen, indem diese beim Nektarholen, ohne es zu wissen, den Blüthenstaub von der männlichen Blüthe zur weiblichen tragen, andere Insecten thun dies beim Klee und dem Stiefmütterchen fast niemals. Also hängt die Fortexistenz dieser Pflanzen von der Zahl der Hummeln ab. Nun stellen den Hummeln die Feldmäuse nach. Sie lieben den Honig und zerstören deshalb die Nester der Hummeln, somit hängt die Zahl und die Fortexistenz der Hummeln zum grossen Theil von der Zahl der Feldmäuse ab. Die ärgsten Feinde der Feldmäuse sind Eulen und Katzen. Es wird also begreiflich, dass man bei Dörfern wo viele Katzen gehalten werden, auch schöneren Klee findet, als da wo es an Katzen fehlt [16]).

Solcher Beobachtungen lassen sich mehrere anführen. Sie beweisen nicht nur das factische Vorhandensein des Kampfes der Thiere und Pflanzen untereinander, sie zeigen auch die weitgehenden Consequenzen desselben für die Gestaltung der lebenden Natur. Sie führen uns ferner zu der Frage, wer eigentlich in diesem Kampfe aller um alles siegt? Was bestimmt den Sieg und was wird aus den glücklichen Siegern?

Um diese Frage zu beantworten müssen wir abermals

einen alten Erfahrungssatz zu Hilfe nehmen, welcher zwar
wenig bestritten, aber häufig vergessen wird, den Satz, dass
alle lebenden Wesen verschieden sind. Jeder gibt ihn gern
zu, jeder glaubt zu wissen, dass kein Ei dem anderen gleicht,
kein Blatt genau so beschaffen ist, wie ein anderes Blatt,
viel weniger das Kind genau gleich den Eltern oder den
Geschwistern werden kann. Aber wenn man fragt, worin
die individuellen Unterschiede bestehen, so wird in den
meisten Fällen eine präcise Antwort vermisst. Die Thier-
züchter und Gärtner haben es seit langer Zeit hierin den
Naturforschern zuvorgethan. Erst jetzt fängt man an auch
wissenschaftlich die feinen Unterscheidungsmerkmale der Individuen zu beachten, während bisher fast nur die der Arten
und Abarten und grösserer Gruppen von Thieren und Pflanzen wissenschaftlich verwerthet wurden.

Die Lappländer besitzen bekanntlich Heerden von Renn-
thieren, die nach vielen Hunderten zählen und doch kennen
sie jedes einzelne genau, jedes Rennthier hat sogar seinen
besonderen Namen. Linné, welchem das eine Thier, die
eine Heerde gleich der anderen schien, traute seinen Sinnen
kaum, als er diese Beobachtung machte. Erwägt man jedoch,
dass die Rennthiere im zahmen Zustande grosse Abweichungen
in der Färbung zeigen, die Lappländer fast allein auf ihre
Rennthiere angewiesen sind und sich daher hauptsächlich
mit ihnen beschäftigen, mit ihnen wandern und leben, so
wird ihr erstaunliches Unterscheidungsvermögen weniger
wunderbar. Merkwürdiger ist es, dass der Holländische
Blumenfreund Voorhelm im Stande war mehr als 1200 Spiel-
arten der gewöhnlichen Hyacinthe mit fast nie fehlender
Sicherheit zu unterscheiden, wenn man ihm nur die trockenen
Zwiebeln vorlegte. Aber das menschliche Unterscheidungsvermögen wird von dem vieler Thiere noch bedeutend über-
troffen. Nimmt man aus einem grossen von zehntausenden
bevölkerten Ameisenbau eine einzelne Ameise heraus und
bringt sie in ein anderes Ameisennest, was geschieht dann

mit der Ameise? Sie wird einen Augenblick betastet, dann
gleich als ein Fremdling, ein Eindringling erkannt und in
Stücke zerrissen. Bringen wir dagegen einige Ameisen in
eine Flasche, in welcher sich eine stark riechende Substanz,
z. B. *Asa foetida*, befunden hat, lassen wir sie einen Tag in
dem Gefässe und bringen sie dann zurück in den Bau, aus
dem sie entnommen waren, was geschieht dann mit diesen
übelriechenden Ameisen? Auch sie werden betastet, sogar
bedroht, bald aber als Mitbürger erkannt und man lässt sie
frei passiren. Bewahrt man einige Ameisen länger, etwa
einen Monat, im Zimmer auf, indem man sie mit Obst füttert,
und versetzt man sie dann wieder in die Nähe des Nestes,
aus welchem sie herstammen, so finden sie nicht gleich den
Weg nach der heimathlichen Wohnung. Kommt aber aus
dieser eine Ameise zu ihnen, so befühlt sie die Ankömmlinge
und führt eine nach dem Bau zurück. Darauf geht eine
grössere Zahl von Ameisen mit der ersten wieder hinaus
und jede bringt einen der alten Genossen in die frühere
Behausung [17]). Die Ameisen müssen also ein Verabredungs-
zeichen, eine Art Contremarke besitzen oder sie sind alle so
verschieden voneinander, dass sie sich ebenso sicher, wie die
Menschen unter sich, erkennen.

Derartige Beobachtungen beweisen die Verschiedenheit
der Organismen, auch der ähnlichsten auf das unzweideutigste.
Wie die individuellen Verschiedenheiten zu Stande kommen,
ist noch nicht sicher ermittelt, die meisten wahrscheinlich
durch Ungleichheit der Lebensbedingungen. Keine zwei
Wesen wachsen unter genau denselben äusseren Verhältnissen auf — sie sind schon im Ei nicht ganz denselben
Einflüssen ausgesetzt. Erwägen wir dazu, dass die belebten
Naturkörper aus den allerzersetzbarsten, man könnte sagen
den impressionabelsten Stoffen bestehen, die wir kennen, so
finden wir es verständlich, dass auch ganz geringfügige
Aenderungen der Nahrung, des Klimas, der Erziehung, der
Gesellschaft, auf den geschmeidigen und bildsamen jugend-

lichen Körper, namentlich während der ersten Zeit seiner
Entwickelung von entscheidendem Einfluss für seine endgiltige
Gestaltung im Leben sein und erhebliche individuelle Verschiedenheiten bedingen müssen. Da nun alle Thiere und
alle Pflanzen, schon sehr bald nachdem sie das Licht der
Welt erblickt haben, durch irgend welche kleine oder grosse,
bekannte oder unbekannte Eigenthümlichkeiten von einander
abweichen, so müssen nothwendiger Weise einige unter ihnen
eben durch diese angeborenen Anlagen sich besser eignen
alle die ihnen drohenden Gefahren zu überwinden als andere,
mehr Erfolg im Kampfe um ihr Dasein haben als minder
begabte. Es sind oft die scheinbar unbedeutendsten Eigen-
heiten hier von grösster Wichtigkeit. Ganz untergeordnete
Eigenschaften werden zu Vorzügen und Begünstigungen.
Für Pflanzen und Thiere gemeinschaftlich gehören z. B.
hierher: Fruchtbarkeit, Grösse oder Kleinheit, Farbe, die
Fähigkeit Hunger zu ertragen, der Kälte und Nässe, der
Wärme und Trockenheit zu widerstehen, das Acclimatisirungs-
vermögen, d. h. die Fähigkeit, sich neuen Lebensbedingungen
anzupassen, Biegsamkeit, Geschmeidigkeit, Stärke und Ge-
nügsamkeit. Für Thiere allein kommt beispielsweise noch
in Betracht Schärfe der Sinne, und zwar aller Sinne (namentlich der Geruch spielt in der Thierwelt eine ungleich wich-
tigere Rolle als bei uns), Gewandtheit und Schnelligkeit im
Laufen Schwimmen Tauchen Fliegen, Klugheit, Muth,
Schönheit, Muskelkraft, Ausdauer, kurz es gibt keine Eigenschaft eines Thieres oder einer Pflanze, welche im Wettbewerb um die Erfordernisse des Lebens nicht von Wichtigkeit werden, nicht schliesslich über Leben und Tod, Sieg
und Vernichtung entscheiden könnte. Nur wenige Thatsachen seien als Beweismittel angeführt. In Schneeregionen
werden weisse Thiere wie von ihren Feinden, so von ihren
Opfern weniger leicht gesehen als dunkelfarbige, wir begreifen
daher, dass erstere über letztere den Sieg davon tragen,
herrschen [13]). Auf hohen Bergen kommen nur die wider-

standsfähigsten Pflanzen fort, wie im Kaukasus nur die ausdauerndsten Pferde [19]). Manche Alpenpflanzen besitzen aber auch grössere und stärker gefärbte Blüthen als die der Ebene. Wie ist wohl diese Thatsache zu erklären? Die ganze Farbenpracht und der Wohlgeruch der Blumen ist nur eine Waffe in dem Kampfe um das Dasein. Wir müssen dabei wie bei jedem anderen Kampfe die Vertheidigung nicht minder als die Angriffswaffen berücksichtigen. Helm und Schild sind ebenso wichtig wie Lanze und Degen. Aber ist nicht auch das Heranziehen befreundeter Streiter eine mächtige Waffe? Dieser bedienen sich die Blumen. Die Freunde der Blumen sind die Insecten, die Bienen und Schmetterlinge, ohne welche sie millionenweise sterben, zum Theil gänzlich aussterben würden, da es die Insecten sind, welche den Blüthenstaub von einer Blüthe zur anderen, von Pflanze zu Pflanze tragen, wenn sie den Honig sammeln, wie vorhin schon beim Klee erwähnt wurde. Je schöner gefärbt nun, je grösser eine Blume ist, um so leichter wird sie von der Biene gesehen, um so sicherer ist daher ihre Fortexistenz, daher grüne Blumen so ausserordentlich selten sind. Auf hohen Bergen gibt es stets nur wenige Insecten. Diese wenigen werden viel eher die grossen und schönen Blumen sehen, als die kleinen und weniger auffallend gefärbten, daher auf den Höhen letztere umkommen, erstere siegen und überleben, während bei der grösseren Zahl von Insecten im Thale auch die mittelgrossen gedeihen [20]).

Wir können im ganzen Bereiche der belebten Natur es verfolgen, dass im einzelnen Falle der in einer Hinsicht Begünstigte über den in derselben Hinsicht schlechter gestellten siegt; wir sehen aber eben so oft, dass der eine in mehrfacher Beziehung Bevorzugte doch von dem anderen, der nach anderer Richtung hin besser angelegt ist, überwunden wird. Ein einzelnes Thier, eine Pflanze kann nicht nach allen Seiten unüberwindlich sein, sonst würde es keine anderen, als diese Alleinherrscher geben, sondern jeder

Organismus hat seine Fehler und seine Schwächen ebenso
wie seine Vorzüge. Daher leicht was hier und heute erliegt,
dort und morgen den Sieg erringt. Es ist ein fortwährendes
Streben nach Ausgleichung, nach einem Gleichgewichtszustand
vorhanden, der niemals erreicht wird. Wir bemerken aber
leicht dass in der Natur doch keine Regellosigkeit herrscht,
sondern durchweg dasjenige siegt, was die meisten Vorzüge
und die wenigsten Fehler besitzt, dasjenige was am besten
den gegebenen Verhältnissen sich anpasst. Wir nennen
dieses das Vollkommnere.

So finden wir denn, dass im Ganzen und auf die
Dauer in der organisirten Natur das Schlechte und Kranke,
überhaupt das Unvollkommene von dem Besseren und Ge-
sunden, dem Vollkommneren verdrängt und besiegt wird, zu
Grunde geht, ausstirbt, während die Sieger überleben. Man
nennt daher das nächste Ergebniss des Kampfes um das Dasein
auch das Ueberleben der Begünstigten (*survival of the fittest*).

Was diesem Princip erst seine wahre Bedeutung verleiht und es zu einem Grundprincip aller organischen Entwickelung stempelt, das ist die Vererbung der Vorzüge,
welche die Vollkommneren vor den Unvollkommneren aus-
zeichnen, mögen diese Vorzüge nun angeboren oder erst
im Wettkampfe erworben sein.

Wenn eine beliebige Eigenschaft einem Organismus in
irgend welcher Weise, sei es gegenüber den vielfältigen
physischen Einflüssen, sei es mit Rücksicht auf die überaus
complicirten Beziehungen der lebenden Wesen zu einander,
nützlich in dem Kampfe um seine Existenz sich erweist, so
wird sie ausgebildet, bleibt sie durch wiederholte Uebung
und Thätigkeit erhalten, wird sie von dem Sieger auf seine
Nachkommen vererbt, die sie immer mehr und mehr ausbilden und dadurch sich selbst vervollkommnen. Ist dagegen
eine Pflanze oder ein Thier von Geburt an mit einer im
Kampfe weniger nützlichen ganz unnützen oder gar schäd-

lichen Eigenschaft behaftet, was sehr häufig vorkommt, dann
wird diese Eigenschaft allmählich zurückgebildet, verkümmert
sie und wird in steter Abnahme vererbt, wenn nicht schon
vorher alle an ihr krankenden Individuen zu Grunde ge-
gangen, ihre Art also ausgestorben ist[21]). Solche über-
flüssige und schädliche Eigenschaften sind eine Nothwendigkeit, welche sich schon daraus ergibt, dass die äusseren
Existenzbedingungen der Thiere und Pflanzen sich so ändern
können, dass was früher nützlich war, nun unnütz wird.
Was nützen z. B. dem in eine vollständig dunkle Höhle
gerathenen Thiere die Augen? sie bleiben unter der Haut
verborgen und werden von Geschlecht zu Geschlecht kleiner,
bis sie schliesslich ganz schwinden oder nur winzige Reste,
gleichsam das Futteral der Brille, übrig bleiben. Statt
dessen entwickeln sich andere nützliche Eigenschaften bei
solchen Thieren, z. B. verfeinert sich das Tastvermögen
so, dass die Käfer mit verbesserten Fühlern und den kleinsten
Augen besser in der Dunkelheit fortkommen als die mit
gewöhnlichen Augen und gewöhnlichen Fühlern versehenen.
Erstere herrschen daselbst und ihre Eigenschaften werden
durch Vererbung erhalten[22]). Andererseits können Eigenschaften, welche früheren längst vergangenen Generationen
von Nutzen waren, auch bei gleichbleibenden äusseren Lebens-
verhältnissen den jüngsten Geschlechtern unnütz werden,
wenn diese sich durch Kreuzung wesentlich verändert haben.
Man kann also das Vorhandensein von überflüssigen zweck-
losen Organen im Pflanzen- und Thierreich, z. B. die Flügel
vieler Käfer, die zu klein oder festgewachsen sind, so dass
sie das Fliegen unmöglich machen, oder die verkümmerten
beinartigen Anhängsel der Schlangen, welche zum Gehen
nicht dienen können, nicht als einen Beweis gegen die Vervollkommnung der Organismen ansehen, denn gerade diese
überaus zahlreichen Fälle sind ebenso viele Stützen für die
Umbildungslehre, für die Anschauung, dass in dem Wettstreit um die Existenz das Brauchbare erhalten wird, das

Unnütze allmählich zurücktritt oder sich umbildet bis es gleichfalls von Nutzen ist. Nichts kann aber in diesem Gebiete für die schliessliche Organisation der lebenden Wesen erreicht werden ohne Vererbung.

Die Vererbung ist es, welche alle Thiere eines Stammes, alle Pflanzen einer Familie unter sich ähnlich macht, indem durch sie die jüngsten Individuen ihren gemeinsamen Vorfahren nachschlagen[23]). Zugleich macht aber die Erblichkeit der individuellen Verschiedenheiten alle Wesen einander immer unähnlicher.

Diese Wechselwirkung: die Tendenz aller Menschen, Thiere und Pflanzen durch Vererbung ihren gemeinsamen Vorfahren ähnlich zu werden einerseits, die Tendenz aller durch Anpassung an ungleiche äussere Verhältnisse im Kampfe um ihr Dasein einander unähnlich zu werden andererseits, ist es, was die Mannigfaltigkeit der lebenden Wesen, ihre Organisation, ihre Zahl und ihre Lebensdauer bestimmt. Der Kern dieser Wechselwirkung, welche das Nützliche erhält und vervollkommnet, ist natürliche Züchtung (*natural selection*[24]). Ihre auf alles Lebende sich erstreckende Wirkung ist von Darwin mit unwiderstehlicher Gewalt dargelegt worden. Göthe, der, wie aus seiner Metamorphose der Pflanze und seiner weniger bekannten Metamorphose der Thiere zu ersehen, die einheitliche Entwickelung der Organismen auf natürlichem Wege selbständig auffand, kannte dieses Gesetz nicht, er wusste aber, dass eines vorhanden war, da er sagte:

Alle Gestalten sind ähnlich, doch keine gleichet der andern,
Und so deutet das Chor auf ein geheimes Gesetz.

Dieses Gesetz ist kein anderes als das der natürlichen Züchtung, die antagonistische Wirkung der Vererbung und Anpassung im Kampfe um das Dasein, dessen Endresultat in allen Fällen die Erhaltung der Begünstigten, das Ueberleben der Besseren, die Besiegung der weniger Guten und damit die immer weiter gehende Vervollkommnung der organisirten Wesen ist und bleibt.

Wir müssen dabei im Auge behalten, dass was in seiner Art vollkommen ist, überhaupt vollkommen ist. Die Mücke ist in ihrer Art ein ebenso vollkommenes Wesen wie der Mensch, den sie sticht. Beide haben sich zwar in sehr verschiedener aber in gleichmässig ihnen selbst zusagender Weise an die Aussenwelt angepasst. Wenn wir uns trotzdem höher stellen als die Mücke und höher als alle anderen Organismen, so sind wir dazu berechtigt, weil es keinen gibt der soviel Vorzüge in sich vereinigt. Der Mensch ist, wenn er auch nicht fliegen kann wie der Vogel, nicht schwimmen wie der Fisch, wenn er auch nicht so gut sehen kann wie der Adler, und nicht so gut hören wie der Luchs, doch allen Thieren weit überlegen, weil er vielseitiger ist als alle, deshalb herrscht er und ist er, wo die Thiere ihn kennen, der gefürchtetste Feind. Es ist aber eine besonders ansprechende Consequenz des Darwinismus, dass jedes lebende Wesen in irgend einer Hinsicht einen Vorzug vor allen anderen haben und mittels dieses sich unbegrenzt vervollkommnen, immer neue Vorzüge durch natürliche Züchtung erhalten kann. Ja es ist nicht anders möglich, da nur die nützlichen und guten Eigenschaften erhalten bleiben (wie bei der künstlichen Züchtung nur'die dem Züchter werthvollen, so bei der natürlichen nur die dem Organismus selbst werthvollen), dass fortwährend eine solche Vervollkommnung thatsächlich stattfindet. Und sie lässt sich auch leicht nachweisen. Man hat nur an die allmählich im Laufe der Erdgeschichte zunehmende Verbesserung der versteinerten Thiere und Pflanzen zu denken. Das beste, die Menschheit, entwickelte sich zuletzt. Und schon die kurze Geschichte des Menschengeschlechts lässt eine Vervollkommnung, wenn auch keine stetige, erkennen.

Man braucht also nur die Dinge zu nehmen wie sie

sich uns darbieten, so wird der Fortschritt, den manche als problematisch oder illusorisch hinstellen möchten, als eine absolute Nothwendigkeit der bestehenden Naturordnung mit unumstösslicher Gewissheit bewiesen.

Noch ein zweites Princip fliesst unmittelbar aus der neuen Lehre. Jedes Thier, jede Pflanze ist mit allen anderen Körpern sich ins Gleichgewicht zu setzen bestrebt, das heisst, darauf gerichtet alle Functionen spielen zu lassen oder, was damit gleichbedeutend ist, möglichst angenehm zu leben. Dieses Princip begreift in sich die Differenzirung oder Arbeitstheilung. Denn nur dadurch, dass alle Individuen, wie ihre eigenen Organe, nicht dasselbe verrichten, ist ihr Bestehen möglich. Je leichter daher die Anpassung der Zelle, des Organs, des Individuums, des Volks an neue Bedingungen stattfindet, um so leichter wird jener erstrebte angenehme Zustand eintreten, je schwieriger diese Anpassung vor sich geht, um so wahrscheinlicher kommen andere bessere und nehmen den Platz ein.

Die Arbeitstheilung geht häufig mit dem Fortschritt zusammen, nicht immer. Doch solche Betrachtungen führen zu weit. Begnügen wir uns vorläufig mit dem Nachweise des Kampfes aller um alles, was zum Leben unentbehrlich und angenehm ist, und mit dem Nachweise eines hieraus entspringenden dauernden Fortschritts in der Natur.

Ist dieser Gedanke eines natürlichen Fortschrittes, einer nie endenden Verbesserung, Veredelung, Vervollkommnung nicht etwas ungleich Werthvolleres, als das blinde Erstaunen über eine Harmonie der Natur, welche in dem zu Anfang dieses Vortrages angedeuteten Sinne gar nicht existirt? Ist nicht die andere Harmonie, das Gleichgewicht der feindlichen Naturgewalten, die Ausnahmslosigkeit der Naturgesetze, der Sieg des Besseren über das weniger Gute, unendlich erhabener als das Haschen nach Zwecken, wo keine Zwecke sind [25]), wenn wir sie nicht künstlich selbst erfinden, wo vielmehr alles nach Ursache und Wirkung abläuft?

Auch derjenige, welcher mit Erforschuug des Lebens,
des Werdens und Vergehens in der Natur sich selbst nicht
befasst hat, wird die ausserordentliche Fruchtbarkeit, 'den
praktischen Nutzen und die ethische Erhabenheit der von
der reinen Naturwissenschaft neugewonnenen Principien anerkennen müssen, wenn anders es noch eine Logik der Thatsachen gibt und wenn er nicht absichtlich dem Begreifen
derselben und ihrer natürlichen Erklärung sich verschliesst.

Es ist um Missverständnissen vorzubeugen passend, ja
nothwendig, sich wenigstens einige der wichtigsten Consequenzen klar zu machen, welche der Kampf um das Dasein
für die menschliche Gesellschaft hat. Wir wollen uns auf
wenige Andeutungen beschränken ²⁶).

Zuvörderst ist es jetzt verständlich, weshalb niemals in
Wirklichkeit eine Uebervölkerung eintreten kann, denn
wir sehen, wie in der ganzen Natur das Leben des einen nur
möglich ist durch den Tod des anderen. Das gilt auch für
uns. Wenn in einer Gegend oder in einem ganzen Staate
die Bevölkerung erheblich zunimmt, so zunimmt, dass die
Nahrung nicht mehr ausreicht, so hört die gesteigerte Zunahme zeitweilig auf; es ist nicht durchaus nöthig, dass dann
eine Hungersnoth eintritt und der Tod die Einwohnerschaft
decimirt, es kann auch durch Auswanderung und durch
Zufuhr ausländischer Nahrungsmittel das Elend local ver-
mindert oder beseitigt werden. Für die ganze Erde aber
geht das nicht an. Da ist ein Auswandern und Importiren
nicht mehr möglich. Wenn also die Zahl der Menschen so
gross geworden, dass die dann vorhandene Nahrung gerade
ausreicht sie zu erhalten, so wird sie nicht mehr zunehmen,
der Tod wird dann allerdings gewaltig aufräumen, wie bei
jeder Hungersnoth, der man nicht abhilft. An Stelle der
umgekommenen Generationen wachsen aber, durch die Lücke
sich freier entwickelnd, bessere Geschlechter heran, bis wieder
einmal das Missverhältniss von Volkszahl und Nahrung zu
gross wird und wieder die Sense des Todes zu mähen be-

ginnt und so fort. So verhält es sich in allen Ländern,
nur dass sich Leben und Tod nicht überall sprungweise von
Zeit zu Zeit in das Volk theilen, sondern immerfort. Es ist
ein Hin- und Herschwanken wie bei der Quecksilbersäule im
Barometer. Der Tod regulirt. Wo viel Platz und viel
Nahrung zu finden, herrscht das Leben, wo wenig Raum
und Theurung, da herrscht der Tod, bis er wieder Platz für
neues Leben geschaffen. So ist es und so wird es bleiben,
und zwar erliegt das Schlechte, das weniger Lebensfähige,
während das Bessere, das Lebensfähigere, das ist das
Vollkommenere, siegt und überlebt.

Manche werden es gewiss trostlos finden, dass dem-
nach Leben, Wohlergehen und Erfolg ausschliesslich von dem
»Zufall der Geburt« abhängen soll, dass nur wer mit einem
Vorzuge schon zur Welt kommt, es zu etwas bringt. Das
vertrage sich schlecht mit Menschenliebe, Sitte und Recht.
Der erste Theil dieses Argumentes ist eben so untriftig
wie der zweite. Etwas trostloses liegt in der Anschauung nur
für vollkommen Lebensunfähige. Diese aber haben nach
keiner Auffassung Aussicht auf Erfolg. Dass wirklich die
angeborenen Vorzüge im Kampfe um die Existenz schliesslich den Ausschlag geben, liegt auf der Hand. Jeder weiss,
dass ein starkes, gesundes, schönes, begabtes Kind mehr
Aussichten hat zu leben, ein nützliches Mitglied der Gesellschaft zu werden, als ein schwaches, kränkliches, missgestal-
tetes und weniger begabtes. Aber man kann es dem neu-
geborenen Kinde nicht ansehen, wozu es am meisten be-
fähigt sein wird. Es bedarf dazu der Erziehung. Diese
zeigt, dass die angeborenen Anlagen des einen zwar
nach einer Richtung sehr werthvoll, nach anderen Seiten hin mangelhaft, die des anderen gerade nach diesen
wieder besonders entwickelungsfähig sind. So zeigt sich
überall Compensation. Der eine hat diesen Vorzug, der
andere jenen, bald siegt ersterer über letzteren, bald ist es

3

umgekehrt. Wer am vielseitigsten begabt und ausgebildet
ist, der hat auch am meisten Erfolg und kommt der Voll-
kommenheit am nächsten. Aber alle angeborenen Anlagen
(und etwas anderes als Anlagen ist nicht angeboren [27]) sind
werthlos, wenn sie nicht mit der zu ihrer Ausbildung erforderlichen Energie verbunden sind. Angeborene Anlagen,
Talente, die unentwickelt bleiben, sind vergleichbar dem
Diamanten in der Erde. Er ist zwar da, aber es ist für
uns gerade so, wie wenn er nicht da wäre. Und vergleicht
man weiter den rohen Diamanten mit dem glänzenden, ge-
schliffenen, in Gold gefassten, so ist der Unterschied grösser
nicht, als der zwischen dem mit allen Vorzügen von der
Natur reichlich ausgestatteten Kinde und dem durch die
Schule und das Leben, durch Fleiss und Thatkraft geschlif-
fenen Manne. Diamanten können nur mit Diamanten,
Menschen nur mit Menschen geschliffen werden. Der eine
muss seine Kräfte an denen des anderen messen, er darf,
er kann den unvermeidlichen Wettstreit nicht scheuen.
Der Sieg in diesem Wettkampfe, das Glück zu überleben, der Begünstigte, Gute, Zufriedene zu sein, hängt von
der grösseren oder geringeren Ausbildung der ererbten
Eigenschaften ab. Gerade die besten Eigenschaften aber
sind erst erworben in dem Ringkampf mit seinesgleichen,
sind erst entstanden durch andauernden Widerstand gegen
ungünstige Aussenbedingungen, durch Anpassung an die
Verhältnisse, unter denen das Leben anfing, durch Uebung,
mit einem Worte durch Arbeit. Nur ist es ein Irrthum zu
glauben, dies sei etwas dem Talente entgegengesetztes, der
eine erringe durch Anlage ohne Mühe was der andere durch
Fleiss mühsam zu Stande bringt, ohne Anlagen zu haben,
denn die Fähigkeit zu arbeiten ist selbst etwas angeborenes,
ererbtes, ein Talent, nur ein geringeres. Wohl ist jeder
seines Glückes Schmied, aber was ist Schmieden ohne Eisen?
Das Eisen ist hier das von den Eltern und Vorfahren ererbte, ausser der Arbeitskraft ererbte Talent. Wohl dem,

der es hämmert, so lange es noch warm, noch biegsam, so
lange er selbst noch jung ist. Je weiter wir uns in die Folgen des Wettstreites
unter den Menschen vertiefen, um so segensreicher finden
wir ihn. Wer einmal das Schlechte aus dem Felde geschlagen,
sich durch eigene Thätigkeit emporgearbeitet und gegen die
Gefahren des Lebens gestählt, wer seine Talente an anderen
Talenten entwickelt und seinen Charakter durch siegreichen
Kampf gegen Verwerfliches geformt hat, der hat mehr gethan, als blos für sich gelebt, der wirkt auf die Nachwelt und
kommende Geschlechter müssen ihm danken.

Das Lob, welches man ausgezeichneten Männern spendet,
indem man sagt: »Er hat seiner Zeit gelebt, er hat genug
gelebt,« bedeutet in Wahrheit viel mehr. Es will sagen:
»Er hat der Zukunft gelebt, er hat ganz gelebt.« Und
zwar nicht als Muster, sondern in Wirklichkeit. Denn wie
in der Thier- und Pflanzenwelt die Sieger im Kampfe um
ihre Existenz sich vereinigen und ihre Vorzüge, ihre Waffen,
die den Sieg herbeiführten, auf die Nachfahren vererben,
so auch das Menschengeschlecht. Es zeigt sich, dass die
jüngste Generation in vielfacher Hinsicht besser als ihre Ur-
väter ist, indem sie, was jene erst mühsam erwarben und
erlernten, zum Theil gleich mit auf die Welt bringt oder
fertig vorfindet. Von einer grossen Erfindung oder Entdeckung pflegt der Erfinder und Entdecker selbst nur einen
verschwindend kleinen Erfolg zu erleben. Je mehr Kriege
geführt werden, um so weniger brutal im Allgemeinen die
Kriegführung; unsere Zeit thut für die Verwundeten mehr
als Jahrhunderte vor uns zusammen gethan haben. Aber
der Satz gilt auch für unsere eigene Organisation, welche
durch die in sämmtlichen Gebieten menschlicher Thätigkeit
fortwährend zunehmende Arbeitstheilung immer mehr differenzirt, bald zu dieser bald zu jener Verrichtung immer
geschickter wird. So empfinden die Kinder, was die Väter
Gutes thaten bis in's zehnte Glied, und wenn auch das Schlechte

sich mitvererbt, so kann es doch auf die Dauer nicht Stand halten, weil es nicht so lebensfähig ist, wie das Gute. Wir können es nicht leugnen, der Tüchtige wirkt nicht für sich und die Seinigen allein, sondern für alle Zukunft. Wer so angelegt ist, dass er nach möglichst vielen Richtungen hin sich ausbilden kann, in allem was Achtung verdient sich und die anderen stets zu übertreffen sucht, dass ihm Ueberwindung des Schlechten (Unwahren) und Sieg des Guten (Wahren) die höchste Befriedigung gewährt, der behält schliesslich die Oberhand, der dringt auf die Dauer mit Sicherheit durch und wird glücklich, in der Hütte ebenso wie im Palast, am Studirtisch ebenso wie auf dem Kampfplatz des praktischen Lebens, der vermacht seine schwer errungenen Waffen den Enkeln und Urenkeln und hat sein Scherflein zur Weltverbesserung beigetragen, wenn er auch Staub war und wieder Staub wird.

Was endlich den anderen Theil des Argumentes betrifft, es vertrage sich das ganze Princip vom Kampfe um das Dasein nicht mit den humanen Beziehungen der Menschen zu einander, so entspringt er aus der völlig verkehrten Vorstellung, dass mit dem Begriffe des Kampfes um das Leben auch der des Hasses nothwendigerweise verbunden sei, während der Hass des Guten in Wahrheit oft nur eine Krankheit, etwas ererbtes ist. Der Wettbewerb aller Menschen um alles Angenehme ist nur zum kleinsten Theile ein persönlicher, er besteht im Wesentlichen vielmehr in einem unbewussten Streite des einzelnen mit allen anderen. Jeder möchte gern alle seine Interessen befriedigen. Keiner kann dies erreichen. Er muss also den anderen Concessionen machen. Das ganze Leben ist aus Rücksichten gegen andere zusammengesetzt. Wo wir aber direct darauf ausgehen, unsere eigenen Wünsche zu erfüllen, da wird der Wettkampf in anständiger Weise, das heisst in den conventionellen Formen geführt. Wenige Beispiele erläutern den

Gedanken zur Genüge. Der Fabrikant wird seinen Concurrenten nicht nach dem Leben stellen — es könnte dessen Tod ihm auch nichts nützen, da andere ihn sogleich ersetzen würden — sondern er wird bessere Waare als jener zu fabriciren bemüht sein. Die Waare gewinnt natürlich nur durch die Concurrenz. Der Arzt wird seinen Collegen, weil dieser eine grössere Praxis hat, nicht umbringen wollen, er wird nur noch geschickter zu operiren bestrebt sein, wodurch wieder der Patient nur gewinnt. Der Schriftsteller, der Lehrer, kurz jeder, einerlei welches Berufes, gönnt dem anderen schon das Leben, will ihn nicht verderben oder schädigen, aber jeder sucht doch den anderen in seinem Fache zu überflügeln, was ohne jeden Hass geschehen kann und geschieht und wodurch allein der Fortschritt möglich wird. Concurrenz ist Fortschritt.

Weit ist der Vernünftige davon entfernt, in dem Kampfe um sein Dasein zu hassen, auch wenn er nicht weiss, dass der wohlthätige, der freundliche, der sittliche Mensch der Stärkere ist und mehr Mitstreiter hat, als der missgünstige Egoist. Mitleid, Theilnahme, Menschlichkeit verhindern uns auch im Wettstreit aller um die Güter des Lebens einen einmal errungenen Sieg bis in seine äussersten Consequenzen auszunutzen, selbst wenn wir nicht überlegen, ob der Sieger nicht gleich wieder angegriffen, ob der geschlagene Feind nicht im nächsten Augenblick ein treuer Bundesgenosse gegen gemeinsame Gefahr werden kann.

Deshalb aber wird die menschliche Gesellschaft sich, gerade wie die der Thiere und Pflanzen, um keinen Preis das Recht nehmen lassen, das als unvollkommen erkannte, das Unbrauchbare und alles was ihr schädlich ist, das heisst was ihr unangenehm ist, so weit sie vermag, auszuschliessen. Sie sperrt die Kranken und Krüppel in Hospitäler und Irrenhäuser, in Blinden- und Taubstummen-Asyle ein, sie schickt die Verbrecher fort übers Meer, baut Zuchthäuser um sie gefangen zu halten, ja sie scheut sich nicht, ein ganz unnützes, unverbesserliches, besonders verderbliches Glied durch den Tod zu entfernen.

Alles dieses ist schliesslich nur Kampf um das Dasein, in welchem auf die Dauer stets das Gute und Vollkommenere über das weniger Gute und Unvollkommenere den Sieg davonträgt, so dass es immer mehr ein Kampf um ein schöneres, edleres Dasein wird und wir der Vollendung allmählich näher kommen, ohne sie freilich nach der bestehenden Naturordnung jemals erreichen zu können. Aber es ist schon etwas werth, wenn uns dieser Wettkampf lehrt, dass wir uns selbst schaden durch Begünstigung des Schlechten, dass Unsittlichsein zugleich dumm und nur das Gute im Grunde genommen angenehm ist[28]).

So finden wir denn, dass die Waffen, mit denen wir den Kampf um unser Dasein kämpfen, keine anderen sind, als die der guten Sitte, der Menschenliebe, des Rechts.

Jeder kämpft diesen Wettstreit von der Wiege bis zum Sarge, er mag wollen oder nicht, und es kommt nur darauf an, ihn ehrlich zu kämpfen.

Anmerkungen.

1) Diese Parallele hat Häckel weiter gezogen. S. dessen Entstehung und Stammbaum des Menschengeschlechts. Berlin 1868.

2) Darwins wichtigste Werke über die Entstehung der Arten sind:

Ch. Darwin und Alfr. Wallace: *On the tendency of species to form varieties; and on the perpetuation of varieties and species by natural means of selection.* Journal of Proc. Linn. Soc. London. III, p. 45—62. 1858.

Ch. Darwin: *On the Origin of Species by means of natural selection or the preservation of favoured races in the struggle for life.* London. Erste Auflage 24. Nov. 1859, zweite 7. Jan. 1860, dritte 1861 (538 St.), vierte 1866.

Ch. Darwin: *The Variation of animals and plants under domestication.* 2 Bde. 8° (897 Stn.) London 1868.

3) Die Versuche sind jetzt so unzweideutig, dass nicht die geringste Möglichkeit einer *vita minima* verbleibt. Chlorophyllhaltige scharf abgerissene Pflanzentheile bleiben in dem Magen des dauernd im luft- und wasserleeren Raume aufbewahrten Thieres unverändert. Es kann nach unseren Begriffen von Stoffwechsel *(corpora non agunt nisi fluida)* in einem getrockneten Thierkörper ohne Wasser und Luft kein Leben zu Stande kommen. Ausserdem liegt der beste directe Beweis gegen eine *vita minima* in der Thatsache, dass eine Erwärmung des getrockneten Organismus bis 60° die nachherige Wiederbelebung durch feuchten Sand nicht verhindert. Der tausendjährige Mumienweizen, welcher keimt wie frischer Weizen, die wochenlang, monatelang, auch jahrelang eingetrockneten Colpoden, Rotiferen, Tardigraden u. a. sind nicht todt, sondern sie leben nur nicht. Man muss, was bisher nicht geschehen, scharf unterscheiden zwischen den beiden Gegensätzen von „lebend“, dem contradictorischen „nicht lebend“ und dem conträren „todt“. Todt ist nur, was durch keine Mittel wiederbelebt werden kann, die nicht lebenden eingeschrumpften Thiere und Pflanzen aber lassen sich (wie Spallanzani fand sogar 16 mal) wiederbeleben. Sie waren vorher nicht todt und lebten nicht. Man kann sie auch nicht scheintodt nennen, weil mit diesem Begriffe gewöhnlich der einer *vita minima* stillschweigend verbunden wird.

sondern die Maschine stand nur still. ohne arbeitsunfähig zu sein. So sind wir zur mechanischen Erklärung des Lebens direct gezwungen.

4) Die Umwandlung anorganischer Materie in organisirte, zunächst aber nur in lebende, ist ein naturwissenschaftliches Postulat von demselben Range wie die zeitliche und räumliche Grenzenlosigkeit der Welt. Ganz sicher ist zu einer nicht näher bestimmbaren Epoche Protoplasma aus seinen Elementen entstanden. Ob aber dieser Process noch jetzt vor sich gehe (z. B. im Meere), ist trotz der sinnreichsten Experimente, namentlich von Pasteur, völlig unentschieden, da bei allen positiv ausgefallenen Versuchen die Möglichkeit der Präexistenz oder des Eindringens belebter Materie in die angewandten Flüssigkeiten oder Gefässe nicht ausgeschlossen war, wo sie aber fehlte, das Resultat auch stets negativ ausfiel. Die vom Darwinismus verlangte Differenzirung aller, auch der einfachsten Wesen ist kein Grund zu Gunsten einer jetzt noch bestehenden *generatio aequivoca s. spontanea*, die man besser *generatio primitiva* nennt. denn es können die einfachsten bekannten lebenden Naturkörper, die von Häckel entdeckten Moneren, blosse Eiweissklümpchen, die sich theilen, entweder in einer für uns nicht sichtbaren Weise differenzirt sein oder sie können möglicherweise von höheren Organismen herstammen. Diese Möglichkeit ist aber so unwahrscheinlich, dass allerdings eine noch jetzt wirkende *generatio primitiva* wahrscheinlich wird; um so mehr, als sie bereits einmal ganz sicher stattgefunden haben muss. Aber eine noch bestehende Urzeugung ist weder nachgewiesen, noch ist sie bis jetzt eine absolut nothwendige Forderung der Naturwissenschaft.

5) Die einzigen, bisher bekannten allen lebenden Wesen ohne Ausnahme zum Leben unerlässlichen Aussenbedingungen sind, so viel ich finde: 1) athembare Luft, 2) assimilirbare feste Stoffe, 3) Wasser. 4) eine gewisse innerhalb enger Grenzen schwankende Wärme der Umgebung. Licht ist nicht allen unentbehrlich. Erwägt man. dass diese vier äusseren Lebensbedingungen dem einfachsten wie dem höchsten Organismus unerlässlich zum Leben sind. bedenkt man, dass das Protoplasma des ersteren dem Protoplasma der zur Differenzirung noch nicht verbrauchten aber entwickelungsfähigen morphotischen Elementartheile (im Sinne von Max Schultze, s. Arch. für Anat. u. Physiol. 1861 S. 11) des letzteren sehr ähnlich ist, und nimmt man dazu. dass alle Thiere und Pflanzen im allerersten Stadium ihres Werdens nichts anderes als ein Protoplasmaklümpchen, ähnlich dem niedersten lebenden Körperchen darstellen, so kann man es für höchst wahrscheinlich halten, dass alle Lebenserscheinungen in der That nichts anderes sind als moleculare Bewegungen des Eiweisses oder deren unmittelbare Folge und das Mysterium reducirt

sich darauf, zu ermitteln, nach welchen Gesetzen die Moleküle im befruchteten Ei u. s. w. sich so und nicht anders bewegen, wie sie es thun. Welches ist die Ursache ihrer Bewegung? So lange die Molecularphysik wie jetzt noch in den Windeln liegt, und so lange die Chemie des Protoplasma ungeboren bleibt, kann von einer Lösung dieses grössten Naturräthsels nicht entfernt die Rede sein.

6) Die Zahlen stammen für die Fische von Harmer und Buckland, für *Ascaris* von Carpenter, für die Termiten von Smeathman (*Phil. trans.* Bd. 71), für die Rotiferen von Ehrenberg, für den Bandwurm von Eschricht, für die Orchideo *(Acropera)* von J. Scott (Darwin *Variation under domestication* II, 379).

7) In Island sah ich mehrmals, wie die Raubmöwe *(Lestris parasitica)* Enten- und Podiceps-Eier aus dem Neste nahm und aussog. So gierig sind dabei diese Thiere, dass sie alle Vorsicht vergessen. (Reise nach Island von Preyer und Zirkel. Leipzig 1862, S. 202, 418.) Audubon beobachtete einen blauen Heher *(Garrulus cristatus)*, welcher täglich die Runde von einem Neste zum anderen machte, und die frischgelegten Eier aussog (Audubon, *Birds of America III, p. 113. New-York)*. Dagegen ist der Kukuk mit Unrecht für einen Eiertrinker gehalten worden (Bach, Studien und Lesefrüchte aus dem Buche der Natur, Köln 1867, S. 11). Nach Knox lebt der Lachs hauptsächlich von Echinodermen- und Crustaceen-Fiern.

8) T. R. Malthus: *An essay on the principle of population; or a view of it's past and present effects on human happiness; with an inquiry into our prospects respecting the future removal or mitigation of the evils which it occasions.* London. 3 Bde. 5. Aufl. 1817. Die 1. Aufl. erschien 1798 in 1 Bd., die 3. in 2 Bdn. 1806. die 6. in 2 Bdn. 1826. Malthus liefert ein merkwürdiges Beispiel dafür, wie eine ungewöhnlich hohe Intelligenz bis ganz dicht an den Eingang zu einer grossen Entdeckung dringt, aber davor stehen bleibt. Er sagt ausdrücklich eine fundamentale Ursache des Lasters und Elends und der ungleichen Vertheilung der Glücksgüter *„is the constant tendency in all animated life to increase beyond the nourishment prepared for it. It is observed by Dr. Franklin that there is no bound to the prolific nature of plants or animals but what is made by their crowding and interfering with each others means of subsistence"*, führt sogar den Gedanken etwas aus (S. 3) und doch erkannte er nicht die immense Bedeutung dieses Missverhältnisses für die ganze Gestaltung der belebten Natur. Er 'verkannte den Kampf um das Dasein als Naturgesetz. Dies blieb Darwin vorbehalten.

Der wunde Punct der Malthus'schen Lehre ist der physiologisch unhaltbare Satz, es könne das *moral restraint* die anderen Hemmnisse der Bevölkerungszunahme, soweit sie nicht zu den Katastrophen gehören, ersetzen. Das menschliche Elend kann zwar im Laufe der Zeiten vielleicht sich etwas verringern, aber ganz beseitigt werden kann es nicht, weil die Menschen (wie Thiere und Pflanzen), niemals sich längere Zeit auch nur local in die vorhandene Nahrung, die nicht für alle genügt, friedlich theilen können, einige also immer unterliegen müssen.

9) Man sieht schon aus der vorgetragenen Ableitung des Princips vom Kampfe um das Dasein, dass ich ihn, ähnlich wie Häckel (Generelle Morphol. II, S. 239) nicht in dem weiten metaphorischen Sinne Darwins gelten lassen kann. Es ist nicht ein Kampf der Individuen gegen Individuen und ausserdem der Individuen gegen äussere Agentien, einschliesslich des Erfolges der Fertilität (Origin etc. S. 65, 66), sondern es ist ganz allein ein Wettkampf aller lebenden Wesen untereinander. Wenn ein Sturmwind zwei Tannen bedroht und die eine wird von ihm gebrochen oder entwurzelt, so ist nicht diese im Kampfe um das Dasein vom Winde besiegt worden und hat nicht die andere den Sturm überwältigt, sondern die stehen gebliebene Tanne hat die geknickte in dem Wettkampf um das Dasein besiegt. Der Ausdruck Kampf um das Dasein ist kein glücklicher und ich habe ihn nur seiner grossen Popularität wegen beibehalten. Es ist immer und überall ein Wettstreit, ein Wettbewerb organisirter Wesen untereinander, ein Wetten um die Existenz, wer sich am besten anpassen kann. Sowie man das Princip anders fasst, indem man auch das Ankämpfen der Organismen gegen äussere anorganische Körper darin begreifen will, hört es auf, ein Grundprincip der organischen Entwickelung zu sein, denn es muss dann für die ganze unbelebte Natur ebenso gelten. Man müsste dann auch einen Kampf des Schnees um sein Dasein zulassen, sofern er die Wärme des Bodens und der Luft besiegt. Dieses Widerstandleisten der Organismen gegen äussere Einflüsse nennen wir Anpassung (adaptation). Dazu genügte ein einzelnes lebendes Wesen, während zum Kampf um das Leben in unserem Sinne mindestens zwei erforderlich sind. Man muss daher den Kampf um das Dasein auf den Wettstreit der Organismen untereinander beschränken, in welchem jeder dem anderen in Ausnutzung der gegebenen Verhältnisse es zuvorzuthun die Tendenz hat. Das treffende Wort hierfür ist Concurrenz. Der Kampf um das Dasein ist Concurrenz, welche Conflicte und Collisionen bedingt. Statt aber eine Concurrenz um einzelne Dinge, die zum Leben erforderlich oder angenehm sind, zu sein, ist er eine um alle Dinge, um das Leben selbst. Wir finden nirgends etwas lebendes, wo nicht auch etwas anderes lebendes vorhanden wäre; wo aber mehrere lebende Wesen zusammen sind, entsteht nothwendig Concurrenz und damit Fortschritt. Denken wir uns eine Industrie ohne jede Concurrenz, so würde sie immer auf

demselben Standpuncte stehen bleiben, ebenso die belebte Natur und die menschliche Gesellschaft ohne den Kampf um das Dasein. »Würde es möglich sein, jenen Wettbewerb aller untereinander aufzuheben, ohne die übrige Organisation der Menschen zu ändern, so würde sofort die tiefste intellectuelle und moralische Fäulniss den seiner Lebensluft beraubten Körper ergreifen.« (H. Thiel.) Nichts berechtigt aber deshalb dazu, mittels des Princips der natürlichen Concurrenz einen wesentlichen Unterschied der protoplasmahaltigen belebten Naturkörper und der nicht protoplasmahaltigen unbelebten zu statuiren, weil — wenn alles begreiflich ist, was allerdings problematisch bleibt — schliesslich alle Bewegungen beider, auch der Kampf um das Dasein, auf Anziehung und Abstossung zurückgeführt werden müssen. (Vergl. Helmholtz, Erhaltung der Kraft. Berlin 1847. Einleitung, besonders S. 4 bis 6 und dessen Physiol. Opt. Lpzg. 1867, S. 447). Es sind nur die Formen, unter denen jene Bewegungen auftreten, verschieden, nicht die elementaren Bewegungen selbst. In der organisirten Natur ist alle Bewegung, die *sui generis* scheint, wie Vererbung, Fortpflanzung, Entwickelung nichts als Wachsthum. Wachsthum aber kann nicht anders, denn als eine Anziehung »verwandter« und Abstossung einander „indifferenter" Theilchen aufgefasst werden, wenn man diese beiden Ausdrücke als Maske unserer Unwissenheit über das Wesen der Attraction überhaupt, erlauben will. Auch die psychischen Erscheinungen, welche in der Form wie bei den lebenden Wesen, in der anorganischen Welt nicht vorhanden sind, können nicht als Einwand gegen die Zurückführung aller Bewegungserscheinungen des Lebens auf Anziehung und Abstossung (eigentlich auf Anziehung und Nicht-Anziehung) vorgebracht werden, weil wir die Bewegungen, welche das Denken ausmachen, nicht kennen, sondern immer nur den fertigen Gedanken. Die Zurückführung aller, auch der complicirtesten Lebenserscheinungen auf räumliche Veränderungen, lässt die Idee plausibel erscheinen, es möchte auch der ganze Kampf um das Dasein nur ein Kampf um Raum sein.

10) Darwin, *Origin etc. 3. ed.* S. 93. 1861.

11) Bach, Studien etc. II, S. 149. 1867.

12) Es ist ein weitverbreiteter Irrthum, zu glauben, durch den Darwinismus falle die Species ganz fort. Sie kann nur in dem Sinne der von Linné begründeten, von Cuvier und Agassiz ausgebauten starren zoologischen Systematik nicht weiter dauern. Sie war vor Darwin eine Art Dogma, an welches jeder glaubte, ohne etwas entsprechendes in der Natur nachweisen, ohne es auch nur definiren zu können.

Jetzt wissen wir, dass die Species etwas viel zu veränderliches (nicht blos variabel, sondern auch mutabel) ist, als dass sie im alten Sinn in der Natur vorhanden sein kann. Die Unterscheidung und Benennung von Species bleibt aber nach wie vor ein praktisches Bedürfniss, dem genügt werden muss. Die zoologischen und botanischen Systematiker werden aber auf alle individuellen Verschiedenheiten, Kreuzungsproducte, Rassenunterschiede u. s. w. ihr Augenmerk mehr als bisher richten und nur genealogische Systeme zu begründen suchen.

Die Beziehung von Individualität zur Species ist durch Häckel (Gener. Morph. I. 241. II. 323), welcher Individuen erster bis sechster Ordnung unterscheidet, total verändert worden. Auch wenn die Umgrenzung der einzelnen Grade und selbst die Sechszahl modificirt werden müsste, scheint mir, dass man nun auch für andere Individuen als das ganze Thier, die ganze Pflanze, z. B. für Zellen, die die sich gleichfalls ernähren und fortpflanzen und ein selbständiges Leben führen, Species annehmen muss. In einen sonderbaren Widerspruch verwickeln sich einige Ultradarwinianer, indem sie von »Formen« (Uebersetzung von Species) als in der Natur vorhanden sprechen, zugleich aber die Species als ein subjectives Mittel zur praktischen Aushilfe erfunden auffassen, ihre Existenz in der Natur also leugnen.'

13) Von Hagens: Ueber Ameisen mit gemischten Colonien im Corresp.-Bl. d. 24. Generalversammlung des naturhist. Ver. f. Rheinl. u. Westphalen, S. 49—54 in den Verhandl. des Vereins. 24. Jahrg. 1867, Bonn, und Bach, Studien u. s. w. I, S. 223.

14) Von Osten-Sacken in der Stettiner entomolog. Zeitung 1862, S. 127. Vrgl. Bach, Studien u. s. w. I, S. 239.

15) Bach Studien u. s. w. I. S. 193.

16) Darwin, *Origin etc.* S. 77. 1861, wo ausdrücklich angegeben ist, Newman, der lange die Lebensweise der Hummeln studirte, habe in der Nähe von Dörfern und kleinen Städten häufiger als anderswo Hummelnester gefunden, was er der grösseren Menge der die Mäuse decimirenden Katzen zuschreibe.

17) H. Conscience: *Eenige bladzyden uit het boek der natuer.* Antwerpen 1852. Die beiden anderen Versuche wurden von Darwin mit *Formica rufa* angestellt, ähnliches ist aber schon früher beobachtet worden.

18) Solcher Beispiele lassen sich überaus viele anführen, vgl. Darwin *Origin etc.* S. 89. 1861. Die Farbe der Thiere aller Classen erhält hierdurch neues Interesse. Viele besitzen die Eigenthümlichkeit, ihre Hautfarbe je nach der Umgebung zu ändern. Ich habe gefunden, dass Frösche (*R. esculenta, R. temporaria* und *Hyla arborea*), in weissen Porzellangefässen aufbewahrt, hellfarbig bleiben, in dunklen

Eimern dunkel. in helle zurückversetzt wieder hell werden, während
sonst in ihrer Umgebung nichts verändert wurde. Aehnliches ist
auch von Fischen bekannt.

19) L' Herbette und Quatrefages im *Bullet. de la soc. d'accli-
mat.* VIII, 311. 1861. S. Darwin *Variation etc.* II, 225. 1868.

20) Erklärung von Nägeli (Entstehung und Begriff der naturhist. Art. 2. Aufl. München 1865. S. 24 und 55).

21) Der neueste Fall eines Vogels, welcher im Kampfe um
das Dasein erlag, weil er sich mit seinen rudimentären Flügeln und
seinem schwerfälligen Körper auf dem Lande nicht schnell genug
fortbewegen konnte, als Fischer die von ihm bewohnten Eilande be-
suchten. ist, wie ich (Cabanis und Baldamus Journ. f. Ornithologie
1862 S. 77–79, 110–124, 337–356) gezeigt habe, das Aussterben
des nordischen Pinguins *(Plautus impennis)* in diesem Jahrhundert
gewesen. Der Vogel konnte vortrefflich schwimmen, so dass ihn
ein Boot mit 6 Ruderern stundenlang vergebens einzuholen suchte,
aber er konnte weder laufen noch fliegen. Die einzige mir bekannte
lebensgrosse Abbildung des *Pl. impennis* findet sich in Audubons
Birds of America, reissued by J. W. Audubon. New-York 1860. Dop-
pelt-Folio. Nr. 8 (Tfl. 456).

22) Die in steter Dunkelheit lebenden Ameisenfreunde *Cla-
viger foveolatus* Preyssl und *Cl. longicornis* Müll., beide, wie Ph. W.
J. Müller fand, der Augen vollkommen entbehrend, zeichnen sich
durch die enorme Grösse und Ausbildung der Fühler aus.

23) Welche Eigenschaften, die nicht von den Eltern, Gross-
eltern u. s. w. nachweislich ererbt werden, auf Atavismus (Rückschlag im engeren Sinne) zurückzuführen sind. welche nicht, das ist
in den meisten Fällen ausserordentlich schwer zu entscheiden. Das
Auftreten dunkler an das Zebra erinnernder Querstreifen bei Maul-
thieren wird von Darwin mit Recht als ein evidenter Fall von Rückschlag aufgefasst, wenn er aber meint *(Variation etc.* II, 57. 1868)
alle Fälle von supernumerären Milchdrüsen beim Menschen möchten
Fälle von Rückschlag sein, da man namentlich auch in der Inguinal-
gegend eine secernirende Milchdrüse beobachtet hat, so steht dem
die Thatsache entgegen, dass auch in der Achsel und auf dem
Rücken *mammae erraticae* vorkommen, kein Säugethier aber in diesen Regionen Milchdrüsen aufzuweisen hat. Man darf auch nicht
ohne weiteres, wie manche es versuchen, die Mikrocephalie auf Rückschlag zurückführen. Mit eben dem Rechte könnte man ein ohne
Arme geborenes Kind durch Atavismus erklären wollen.

24) Es bedarf nach der vorgetragenen Auseinandersetzung kaum
der Bemerkung, dass nicht die Natur, als Person gedacht. züchtet,
auch nicht ein vorher entworfener Plan bei der natürlichen Züchtung

innegehalten wird. Huxley vergleicht sehr treffend das Wirken der
natürlichen Züchtung mit dem Sand aufwirbelnden Winde, welcher
nur Körner einer gewissen Grösse und Schwere gleichsam aussuche
beim Aufbauen der Dünen. Ausser der künstlichen oder methodischen
Züchtung und der natürlichen Züchtung unterscheidet Darwin
(*Variation etc.* II, 193. 1868) noch eine unbewusste Züchtung *(un-
conscious selection)* und versteht darunter, dass die Menschen (schon
in den ältesten Culturzeiten) die schlechten Thiere aus ihren Heerden
ausschieden und die guten behielten, ohne entfernt an eine Veredelung
dieser (durch Aussuchen und Paaren der Bevorzugten) zu denken.
Hierzu ist zu bemerken, dass etwas ganz ähnliches auch von Thieren
unter sich gilt. Oft sieht man Enten, denen es weder an Nahrung
noch irgend welchem Lebenserforderniss fehlt, eine kranke, kleinere
Ente verfolgen. Sie wird von allen anderen gebissen, gezupft, unter-
getaucht, so lange gequält, bis sie zu Grunde geht. Da die kranke
Ente den anderen nichts streitig macht, diese von Veredelung ihrer
Rasse durch Ausschluss des Schlechten nichts wissen, so ist kein
anderer Grund dieser unbewussten Züchtung vorhanden, als dass die
unvollkommene Ente den anderen unangenehm ist. Sehr interessant
sind in dieser Hinsicht die Erfahrungen der Wärter in zoologischen
Gärten, aus denen hervorgeht, dass in vielen Fällen die ähnlichsten
Thiere sich am unangenehmsten, sich schon beim ersten Anblick
unerträglich antipathisch sind (Folge des Kampfes um's Dasein).

25) Wenn auch die Teleologie im alten Sinne — das Walten
der *causae finales* — durch Darwin für alle Zukunft beseitigt ist, so
behält sie doch stets einen ausserordentlichen heuristischen Werth.
Man kann aber mit vollem Rechte von einer inneren Teleologie
sprechen, sofern jeder Organismus durch seine *Organisation* darauf
gerichtet ist, möglichst angenehm zu leben und wenn er gut angelegt ist, diesen (ihm von seiner Organisation gestellten) Zweck erreicht (etwas zu Wege bringt), wenn schlecht verfehlt. Nur hat
dabei das Angelegtsein und das Zweckstellen keine aussernatürliche
Ursache, sondern ist die nothwendige Folge der natürlichen Züchtung.

26) Ich habe bei der Anwendung des Kampfes um das Dasein
auf die menschliche Gesellschaft H. Thiels Abhandlung über Genos-
senschaften (in der Festschrift der Poppelsdorfer Akad. zur Jubel-
feier der Univ. Bonn. Bonn 1868) frei benutzt.

27) Die Frage nach den angeborenen Ideen erhält durch den
Darwinismus ein neues Gewand. Man muss nicht fragen: Gibt es
Ideen (*a priori*), die vor aller und jeder Erfahrung da sind? in dieser
Fassung wird die Frage von der neueren Sinnesphysiologie unbedingt
verneint werden müssen, sondern man muss fragen: können durch
Erfahrung erworbene Ideen so vererbt werden, dass die jüngste Ge-

neration diese Ideen fertig in sich trägt, ohne erst die Erfahrungen
ganz oder theilweise selbst noch einmal durchmachen zu müssen
welche die Vorfahren machten? Hierbei wird, von psychischen
Dingen nur das Vermögen zu schliessen, als angeboren, das Denken
ohne Erfahrung als unmöglich gesetzt. In dieser Fassung kann die
Frage vor der' Hand weder mit Ja noch mit Nein beantwortet werden. Denn es versteht sich von selbst, dass nur dann die Existenz
angeborener (richtiger ererbter) Ideen *a priori* anerkannt werden
kann, wenn sie nachweislich ohne irgend welchen Reiz von aussen
da sind. Der Hühnerhund »steht« nur, wenn er riecht. Das Stehen
ist nur die Reaction auf die Reizung der Riechnerven, das Spielen
eines ererbten, ursprünglich durch Erfahrungen der Ureltern, ganz
allmählich mittels natürlicher Züchtung entstandenen Nervenmechanis-
mus, es ist gerade so etwas ererbtes wie das Bellen. Wenn wir
dagegen nach einer Handlung oder einer Idee suchen, die ohne
irgend welchen Reiz von aussen zu Stande kommt, d. h. bei der jede
Möglichkeit eines solchen Reizes n a c h w e i s l i c h ausgeschlossen
wäre, so sehen wir uns ausser Stande, auch nur einen solchen Fall
mit wissenschaftlicher Evidenz zu constatiren. So lange aber ein
solcher Fall fehlt, kann die Existenz der Ideen *a priori* nicht bewiesen werden. Die sehr grosse Zahl von scheinbar ohne alle Erfahrung ausgeübten Handlungen (Instincten) ist auf Vererbung von
Nervenmechanismen wie in dem angeführten Beispiele ebenso zurückzuführen wie die anderen Functionen, deren erregende Ursachen klar
zu Tage treten. Wir können nicht, weil wir die erregenden Ursachen der Aeusserungen des Instincts (z. B. beim Nestbau der Vögel)
noch nicht kennen, das Vorhandensein äusserer Reize als erregender
Ursachen leugnen; wir sind aber berechtigt, zu behaupten, dass allerdings bei einer sehr grossen Zahl instinctiver Handlungen die zu
ihrem ersten Zustandekommen erforderlichen Erfahrungen der Vorfahren z u m g r ö s s t e n T h e i l nicht von der lebenden Generation abermals durchgemacht werden. Nur alle und jede Erfahrung (den ein-
maligen Reiz) vermögen wir nicht zu eliminiren. Auf das Mechanische
der Vererbung auch der Instincte verspricht Darwins vorläufige Hypothese der Pangenesis, die ich für lebensfähig halte, in späterer
Zukunft Licht zu werfen. (Dies gilt auch für die in Anmerkung
23 angeführten Thatsachen.)

28) Die praktisch wichtigste Consequenz der Darwin'schen
Theorie ist die natürliche Entstehung des Menschen. Darwin selbst
ist keineswegs, wie man ihm häufig nachgesagt hat, vor dieser Consequenz zurückgeschreckt. denn er sagt (*Variation etc.* II. p. 57)
ausdrücklich, die gelegentliche Ausbildung der **rertebrae coccygeae** zu
einem caudalen Anhang beim Menschen könne als ein Fall von

Rückschlag aufgefasst werden (vgl. oben Anm. 23). Wenn aber das Menschengeschlecht sich allmählich aus dem Thierreich entwickelte, so müssen deshalb nicht alle menschlichen Einrichtungen und Anschauungen durch natürliche Züchtung erklärbar sein. Namentlich verlieren die Sittengesetze nichts von ihrer unerklärten Macht, und es wäre durchaus unstatthaft zu schliessen speciell die Moral müsse sich durch den Darwinismus allein begreiflich machen lassen. Darum soll aber nicht bestritten werden, dass ein Versuch einer Entstehungsgeschichte der Moral manches nützliche später von der Darwin'schen Theorie entnehmen wird. Ausserdem möchte ich darauf aufmerksam machen, dass man gewiss sein kann, wenn einst die vergleichende Sprachwissenschaft, vergleichende Mythologie und vergleichende Psychologie ihre Wiegen verlassen haben werden, auch über die Anfänge der Moral Kunde zu erhalten.

Die Schrift von F. A. Lange: die Arbeiterfrage in ihrer Bedeutung für Gegenwart und Zukunft (Duisburg 1865), in welcher das Princip vom Kampfe um das Dasein auf die Arbeiterfrage angewendet wird, ist dem Verfasser erst nach beendigtem Druck bekannt geworden.

Druck von Carl Georgi in Bonn.